GUIDE
DE ROME

TURIN, MILAN, VENISE, PADOUE,
FLORENCE, ASSISE, ANCONE, LORETTE,
NAPLES, ETC.

Accompagné d'un

MANUEL DE CONVERSATION
EN ITALIEN ET EN FRANÇAIS

et suivi d'un Plan de ROME en deux couleurs,

PAR

O. HAVARD

TROISIÈME ÉDITION REVUE ET CORRIGÉE

PARIS

A. BELLIER & Cie, ÉDITEURS

18 — RUE DE VALOIS — 18

1893

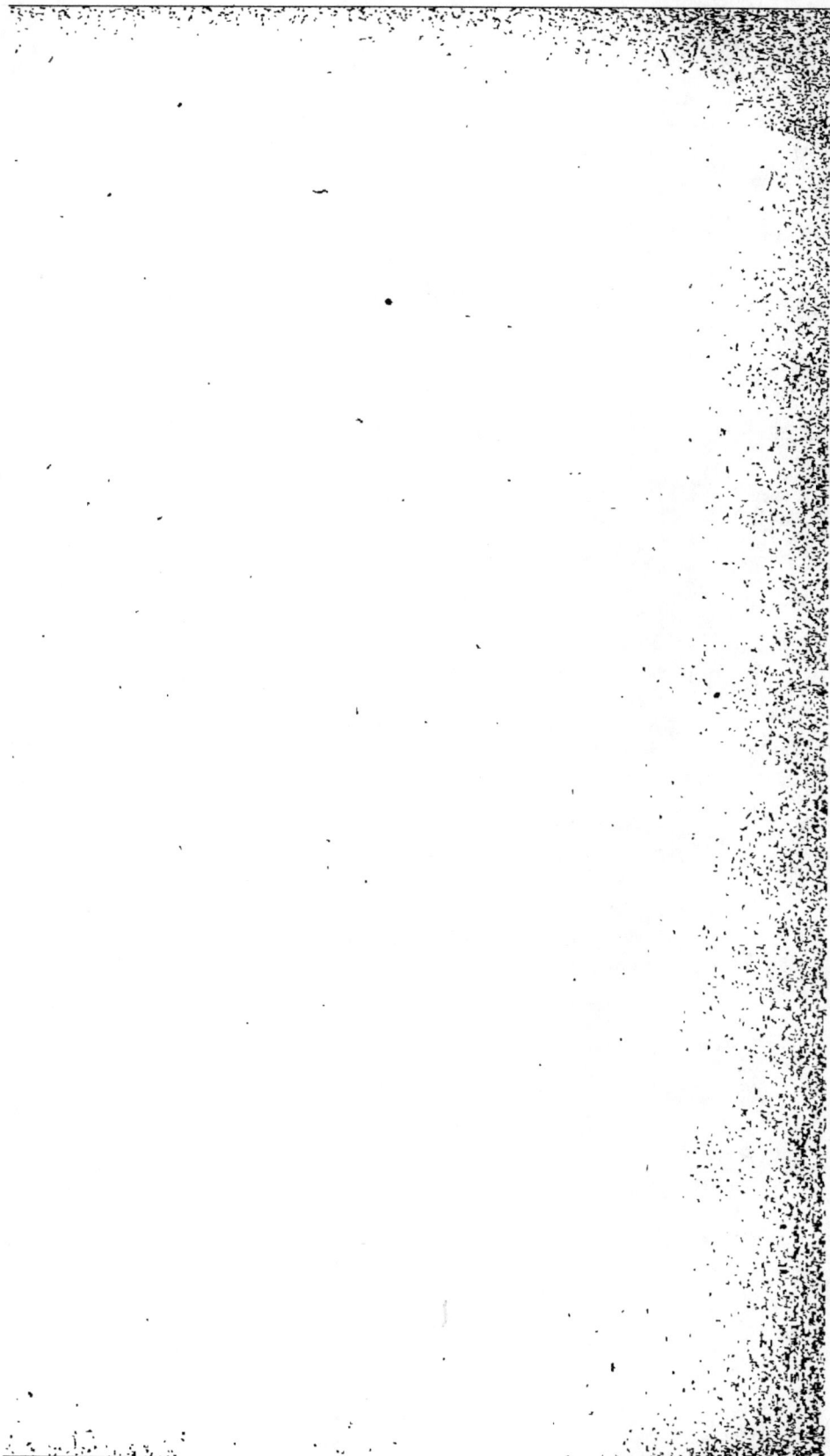

GUIDE DE ROME

GUIDE
DE ROME

TURIN, MILAN, VENISE, PADOUE,
FLORENCE, ASSISE, ANCONE, LORETTE.
NAPLES, etc.

Accompagné d'un

MANUEL DE CONVERSATION

EN ITALIEN ET EN FRANÇAIS

et suivi d'un Plan de Rome en deux couleurs,

PAR

O. HAVARD

TROISIÈME ÉDITION REVUE et CORRIGÉE

PARIS

A. BELLIER & Cie, ÉDITEURS

18 — RUE DE VALOIS — 18

1893

PRÉFACE

Notre préface sera courte.

Les Excursionnistes et les Touristes ont leurs *Guides-Itinéraires*. Nous avons voulu que les Pèlerins eussent le leur. Depuis longtemps, on nous demandait de réunir, dans un court volume, non seulement les notices relatives aux Pèlerinages, mais tous les renseignements pratiques qui peuvent aider le Pèlerin dans ses excursions. C'est à ce double désir que nous déférons, et telle est l'innovation que ce volume inaugure.

Les Guides ordinaires, si bien faits qu'ils soient (1), ne répondent pas complètement, en effet, aux besoins des Pèlerins : ces derniers sont d'abord plus économes de leur temps que les touristes; de plus, le voyage qu'ils entreprennent a pour objectif la visite d'un sanctuaire ; enfin, le budget du pèlerin est souvent restreint, et ne lui permet guère de s'attarder sur toutes les routes. Il faut donc qu'il s'attache au principal, et qu'il néglige l'accessoire.

Le *Guide à Rome* tient compte de ces considérations et renferme, sous un format commode, toutes les notions pratiques et tous les renseignements religieux, artistiques, littéraires, etc., qui permettent au pèlerin de ne pas perdre le fruit de son voyage.

(1) Nous leur rendons le plus complet hommage : les *Guides Du Pays*, Bœdeker, Murray, etc., sont particulièrement remarquables, et nous leur avons fait plusieurs emprunts.

A ces renseignements, nous joignons les indications les plus substantielles et les plus précises sur les Basiliques, les Cathédrales, les Eglises, les Sanctuaires, les Musées, les Galeries de Tableaux, etc.

La question matérielle n'est pas moins soigneusement traitée. Le *Guide* mentionne les hôtels, les restaurants, etc., qui lui ont été signalés comme les plus recommandables, et reproduit leurs tarifs (1). Il indique également le prix des voitures, des omnibus, des fiacres, etc., et fournit en un mot tous ces menus détails qui, dès qu'ils sont bien connus, mettent le voyageur en garde contre les exactions des aubergistes, voiturins, guides, etc.

Au *Guide*, nous avons cru devoir joindre un *Manuel de la Conversation*. C'est un préjugé de croire que la langue française suffit en Italie. Assurément, elle suffit aux personnes qui ne veulent se livrer à aucune étude, et qui ne désirent ni juger ni comprendre le pays qu'elles visitent ; mais pour peu que l'on tienne à jouir pleinement des agréments d'un voyage, il est absolument nécessaire d'avoir une certaine teinture de la langue italienne. Ajoutons que le pèlerin qui n'est même pas légèrement familiarisé avec cet idiome, se dénonce lui-même à la spéculation publique, et risque fort de mettre le budget de son voyage en déficit.

Notre *Manuel de Conversation* a l'avantage d'obvier à ces inconvénients et de soustraire le voyageur à la tutelle de ces *facchini*, domestiques, cochers, ciceroni et commissionnaires, qui s'entendent si bien pour rançonner l'étranger.

(1) Il est inutile de dire que l'éditeur prie les pèlerins de vouloir bien l'informer des *erreurs* et des *omissions* que leur expérience personnelle leur ferait découvrir.

INTRODUCTION

§ I. — Frais de voyage.

On fixe généralement de 20 à 25 francs par jour la dépense d'une personne seule, tout compris. Si l'on s'arrête quelque temps dans une ville, le prix varie entre 10 et 12 francs. En somme, on compte qu'il faut 500 francs par mois en moyenne. Avec deux ou trois amis le voyage est moins dispendieux. Le chapitre des pourboires est surtout beaucoup moins chargé.

§ II. — Monnaie.

Le voyageur doit de préférence emporter de l'or avec lui. En changeant son or pour du papier, il peut gagner 10 à 15 0/0. Les pièces de 20 francs valent habituellement 21 fr. 50 en argent et 23 fr. en papier.

La monnaie légale est la *lira* de 100 centimes (centesimi) dont la valeur et la forme sont celles du « franc ». Il y a des pièces de 2 *lire* (*duc*) et de (*cinque*) et des fractions : une *demi-lira* vaut 50 cent. : 1/4 = 25 centimes.

§ III. — Visite des églises.

Les églises sont ouvertes jusqu'à midi et souvent de 4 à 7 heures du soir. Les cathédrales le sont ordinairement toute la journée. Il est permis

d'examiner les objets d'art, mais il faut observer
les convenances et, autant que possible, se
dispenser de toute visite pendant la durée des
offices. On donne, si l'on est seul, 25 à 50 centimes
au *sagrestano*. Un groupe de pèlerins paie
proportionnellement moins cher. Une petite
rétribution est également due quand le sacristain
lève les rideaux qui, souvent en Italie, cachent
les tableaux des maîtres.

§ IV. — Hôtels.

Les voyageurs feront bien de se munir, avant
leur départ, d'une bonne provision d'insecticide.
Cette poudre est absolument indispensable : on
en saupoudre son lit, sa chambre et ses vêtements. Faute de cette précaution, il est impossible de dormir dans certains hôtels.

Voici le tarif approximatif des hôtels italiens ;
les prix sont gradués d'après l'importance
respective des établissements :

Chambres, de 3 à 6 francs ; bougie, 75 centimes
à 1 franc. Table d'hôte (*tavola rotonda*), 4 à 5 fr.
(vin non compris) ; déjeuner, 2 fr. 50 ; service, 1 fr.
Dans le service on ne comprend ni le portier, ou
piccolo, qui nettoie les vêtements et cire les
chaussures, ni le *facchino* qui porte les bagages.

Dans les cafés on déjeune à des prix plus
modérés. Si l'on est quelque temps dans un hôtel,
le prix de la pension ne coûte pas plus alors de
8 à 10 francs par tête.

§ V. — Hôtels garnis et restaurants.

Les hôtels garnis sont moins chers et ils ont
en outre l'avantage de vous offrir un abri plus
calme. La chambre coûte de 1 à 2 francs.

On peut dîner à la carte, de midi à sept heures

du soir, aux prix de 1 fr. 50 à 2 fr. 50; quelquefois aussi à prix fixe pour 2 à 3 francs. On donne au *cameriere* (garçon) un pourboire de 10 à 15 cent. (Voir pour les restaurants, le *Manuel de la Conversation*.)

§ VI. — Magasins.

Les magasins ont l'habitude de surfaire. L'acheteur doit ordinairement ne donner que le tiers ou le quart de la somme sollicitée.

§ VII. — Climat.

Précautions à prendre. — Les étrangers doivent emporter des vêtements d'hiver. Entre la température de la rue et celle des églises et galeries, la différence est très sensible; un pardessus est donc nécessaire. Après le coucher du soleil, l'atmosphère se refroidit considérablement, et malheur alors à celui qui se promène avec un paletot d'été. Des refroidissements d'une issue souvent funeste sont la conséquence de cette imprudence.

C'est du courant d'octobre à la fin de mai que le séjour de Rome est le plus sain. La température moyenne à Rome est 10°.15 en avril. 14°.78 en mai. 17°.38 en juin. de 7°.2 en décembre.

MANUEL DE CONVERSATION
DU PÈLERIN ET DU TOURISTE

DIVISIONS DU MANUEL

Prononciation de l'italien. — Voici les règles élémentaires de la prononciation de la langue italienne :

A a toujours le son de l'*a* français.

E n'est jamais muet; tantôt il se prononce *é* comme dans *sede*; et tantôt *è*, comme dans *greco*, prononcé *è* comme dans le français *même*.

I se prononce comme en français.

O a deux sons différents : l'un fermé et l'autre ouvert.

U se prononce comme *ou*.

C devant *e* et *i* se prononce *tch*; devant les autres voyelles, le *c* se prononce **comme k.**

G devant *e* et *i*, comme *dgé*; devant les autres voyelles, il se prononce comme le *g* dur français dans *gué*.

Ch se prononce *k* et *gh* a la valeur du *g* dur.

Gli a deux sons différents. Dans *meglio, peglio*, le *g* s'élide. On prononce *melio, pelio*. *Gli* s'articule comme en français dans les mots *anglia, negligenza*.

Gna, gno, comme dans le mot français *compagne* : *benigno, segno*.

Q comme *kou* : *quale* (prononcé *kouale*).

Sce comme *ché*; *sche* comme *ske*; *schi*, comme *ski*; *sci*, comme *chi*.

Z se prononce *ts* dans *orazione*, et comme *ds* dans *orizzonte*.

La principale difficulté gît dans l'accentuation : ainsi *principe* se prononce « prinnchipé », et *pontefice* « ponntéfiché. » Mais c'est là une affaire de que'ques jours.

Autre remarque utile. Quand on s'adresse à une personne importante, il faut employer le mot « *ella* », elle, et la 3e personne du singulier; au pluriel « *loru* ».

Ella ou *lei* suppose que l'interlocuteur sous-entend le mot « *rossignoria* », votre seigneurie. Ainsi, au lieu de dire *Voi potete essere sicuro che faro quanto dipende da me* (vous pouvez être sûr que je ferai tout ce qui dépendra de moi); on emploie la tournure suivante : *ella puo essere*, etc. Comment vous portez-vous ? se traduit par : *Comme sta lei* (comment se porte-t-elle) ?

Aux cochers, aux domestiques, aux ciceroni, on dit « *roi* »; le « *tu* » si l'on parle bien l'italien.

I

Locutions usuelles. — Dialogues familiers.

§ I. — **Pour voyager en chemin de 1er.**

Combien a-t-on de bagages libres? *Qual peso è permesso portare di diritto?*

Deux billets de première classe pour X..., s'il vous plaît? *Due biglietti di prima classe per X, se si piace?*

Où est la salle d'attente? *Dov' è la sala d'aspettazione?*

Messieurs les voyageurs, en voiture. *Signori viaggiatori, presto in vettura.*

On change de voiture. *Si cambio di vettura.*

Savez-vous si le convoi s'arrête à X...? *Sape se il treno si fermi a X...?*

A quelle heure s'arrête-t-on pour déjeuner? *Quando si fermiamo per far colazione?*

Nous serons au buffet dans une demi-heure. *Fra mezz' ora saremo alla trattoria.*

Comment s'appelle cette station? *Come si chiama questa stazione?*

Descendez, messieurs, vous avez un quart d'heure. *Scendano, signori, hanno un quarto d'ora di reposo.*

Le livret, *l'orario.*

La gare, *stazione, galleria.*

Chef de gare, *capo stazione.*

Salle d'attente, *sala dei viaggiatori.*

Wagon, *vagone.*

Train direct, *treno diretto.*

Où est le buffet? *Dov' è la sala da refezione?*

§ II. — **Pour communiquer avec la douane.**

Messieurs, il faut transporter à la douane vos malles, vos porte-manteaux, vos paquets et tous vos effets avant de les porter à l'hôtel. *Signori, bisogno trasportare loro baulli, i loro portamantelli, i loro fardelli e la loro robo tutta quanta alla dogana, per vedere se non vi è nulla di contrebando, primo di portarla all' albergo.*

Avez-vous quelque chose à déclarer? *Avete dei generi soggetti alla dogana?*

Non, que je sache. *No, per quanto io sappia.*

§ III. — **Pour prendre un cocher de fiacre** (cocchiere).

Voilà un fiacre. — Cocher, êtes-vous retenu? *Ecco una vettura. — Cocchiere, siete voi impegnato?*

Conduisez-nous rue ***. *Conduceteci in via***.*

Est-ce à la course ou à l'heure? *Mi prendono alla gita (ou alla corsa) o a ore?*

Vous nous descendrez au n° 9. *Vi fermerete al numero nove.*

Nous allons bien lentement. *Andiamo molto adagio.*

C'est ici. Arrêtez, cocher. *È qui. Cocchiere, fermatevi.*

Ouvrez la portière. *Aprite lo sportello.*

§ IV. — Pour s'entendre avec un cocher de louage (vetturino).

Pouvez-vous nous conduire tout de suite à X... *Potete condurci tosto a X...*

Avez-vous de bons chevaux? *Sono buoni i vostri cavalli?*

Nous voulons aller à X... *Vogliamo andare a X...*

Combien demandez-vous pour une voiture à 4 personnes, avec 2 chevaux? *Quanto vi debbo dare per una carrozza a quattro posti con due cavalli?*

Combien pour une voiture à un cheval? *Quanto si spende per un biroccio?*

Vous aurez un bon pourboire, si vous nous conduisez vite. *Se ci servirete bene, avrete una buona mancia.*

Arrêtez, cocher, nous voulons descendre. *Fermatevi, vetturino, vogliamo descendere.*

Allez donc, cocher, nous n'avançons pas. *Presto, vetturino, non andiamo mai innanzi.*

§ V. — Pour s'orienter dans une ville.

Y a-t-il quelques curiosités

dans cette ville? *Vi sono delle rarità da vedersi in questa città.*

Y a-t-il des galeries de tableaux? *Vi sono delle gallerie di quadri?*

Quelles sont les églises les plus remarquables? *Quali sono le più ragguardevoli chiese?*

Quels sont les plus beaux édifices? *Quali sono i più bei edifici?*

Pouvez-vous nous dire quel est le chemin pour aller à la porte...? *Mi sapreste dire qual' è la strada che conduce a porta...?*

Voulez-vous avoir la bonté de me dire si je suis éloigné du quartier de... ou de la rue de... *Vorreste avere la compiacenza di dirmi se sono distante dal quartiere... o dalla strada...*

Pourriez-vous m'indiquer la maison de M. X...? *Potreste indicarmi la casa del signor N...?*

Quelle direction faut-il que je prenne? *Qual direzione devo prendere?*

Faut-il tourner plus tard à droite ou à gauche? *Debbo voltarmi poi a destra o a sinistra?*

Ayez la bonté de me montrer le chemin de... *Abbiate la bontà di monstrare la via di...*

§ VI. — Pour se faire servir dans un hôtel.

Je désire parler au maître

d'hôtel. *Vorrei parlare al maestro di casa.*

Je désire, monsieur, avoir deux chambres pour quelques jours. *Signore, vorrei due stanze per alcuni jorni.*

Je disirerais déjeuner, souper. *Vorrei far colazione, cenare.*

Donnez-moi quelque chose à mange. *Datemi qualche cosa da mangiare.*

A quelle heure dînons-nous ? *À che ora si pranza ?*

Où puis-je changer de la monnaie ? *Dove posse far scambiare del danaro ?*

Eveillez-moi demain matin à six heures. *Domattina mi svegliere alle sei.*

Combien dois-je ? *Quanto vi debbio ?*

Apportez-moi mon compte. *Portatemi il mio conto.*

§ VII. — **Pour diner ou déjeuner au restaurant** (*trattoria*).

Garçon, donnez-moi la carte, *Cameriere! datemi la lista.*

Le déjeuner est-il servi ? *È in tavola la colazione ?*

Donnez-moi du pain frais. *Datemi del pane fresco.*

Qu'avez-vous en fait de légumes ? *Che cosa avete in genere d'erbegi.*

Donnez à boire à monsieur, *Date de bere al signore.*

Avez-vous du poisson frais ? *Avete del pesce ben fresco.*

Apportez-nous un poulet rôti et une salade. *Portateci un pollo arrostito ed un' insalata.*

L'addition, s'il vous plaît. *Dateci il conto.*

Très bien, voici pour vous. *Va benissimo ; ecco per voi.*

La carte, *la lista.*

Le garçon, *cameriere* ou *giovine.*

Un couvert, *una posata.*

Du pain, *del pane.*

Pain levé, *pane francese.*

Pain tendre, *pane fresco.*

Une petit pain, *panetto.*

Vin rouge, *vino rosso* ou *nero.*

Vin blanc, *vino bianco.*

Vin du pays, *vino nostrale.*

Un demi-litre, *mezzo litro.*

Un cinquième de litre, *quinto.*

Verres, *bicchiere.*

Cuiller, *cucchiaio.*

Bouteille, *bottiglia.*

Nappe, *tovaglia.*

Serviette, *tovagliuolo.*

Pourboire, *buona mano, mancia, da bere, bottiglia, caffè, fumata.*

Bouillon, *brodo.*

Potage, *minestra* ou *zuppa.*

Consommé, *consunè.*

Potage aux légumes, *zuppa alla sante.*

Potage au macaroni, *maccaroni al brodo.*

Boulettes, *gnocchi.*

Potage au riz avec des pois, *riso con piselli.*

Riz épais, très gras, *risotto alle Milanese.*

Macaroni au beurre, aux tomates, *maccaroni al buro, al pomidoro.*

Bœuf à la mode, *dello stufato.*

Bœuf bouilli, *manzo.*

Friture, *fritto.*

Friture de foie, de cervelle, d'artichauts, *frittura mista.*

Rôti, *arrosto.*

Bifteck, *bistecca.*

Filet, *coscietto.*

Rôti de bœuf, *arrosto di mongana.*

Rôti de veau, *arrosto di vitello.*

Côtelette avec des oreilles de veau, aux truffes, *costerella alla minuta.*

Pommes de terre, *patate.*

Espèce de sole, *sfoglia.*

Hors-d'œuvre, *principi alla tavole* ou *piattini, piatinelli.*

Des sardines, *delli sardelle.*

Champignons, *funghi.*

Jambon, *presciuto.*

Poulet, *pollo* ou *pollastro.*

Viande en sauce, *umido.*

Ragoût, *stufatino.*

Légumes, *erbe.*

Artichauts, *carciofi.*

Petits pois, *piselli.*

Lentilles, *lenticchie.*

Choux-fleurs, *carooli fiori.*

Fèves, *fare.*

Haricots verts, *faguiolini.*

Œufs à la coque, *nora da bere.*

Omelette aux fines herbes, *frittata con erbette.*

Dessert de fruits, *frutta* ou *giardinetto.*

Gâteau aux fruits, *costata di frutti.*

Gâteau de pâte feuilletée, *crostata di pasta sfoglia.*

Fraises, *fragole.*

Poires, *pere.*

Pommes, *pomi, mele.*

Pêches, *persiche.*

Raisin, *ura.*

Citron, *limone.*

Orange, *arancia* ou *melarancia.*

Fromage, *formaggio.*

Biscuits, *biscottini.*

§ VIII. — **Pour s'aborder.**

Comment vous appelez-vous ? *Come si chiamate (come si chiama).*

Je m'appelle N... *Mi chiama N...*

Ecoutez-moi. *Ascoltatemi.*

M'entendez-vous ? *M' intendete ?*

Me comprenez-vous ? *Mi capite ? (mi capisce).*

Je vous entends bien. *V' intendo bene.*

Je vous comprends un peu. *Vi capisco un poco.*

Je ne vous comprends pas. *Non la (non si) capisco.*

Que dites-vous ? *Che cosa dite ?*

Plaît-il ? *Come dice ?*

Me connaissez-vous ? *Me conoscete voi ?*

A qui ai-je l'honneur de parler ? *A chi ho l' onor di parlare ?*

Que voulez-vous ? *Que cosa volete ?*

Que désirez-vous ? *Que bramate ?*

J'ai besoin de vous parler. *Ho bisogno di parlari.*

Qui est ce monsieur qui vous parlait tantôt ? *Chi è quel signore che parlava con voi poco fa ?*

Le connaissez-vous ? *Lo conoscete ?*

Je le connais de vue ? *Lo conosco di vista.*

Je le connais de réputation. *Lo conosco per fama.*

Je n'ai pas l'honneur de le connaître. *Non ho l' onor di conoscerlo.*

Connaissez-vous cette dame ? *Conoscete voi quella signora ?*

Je l'ai vue plusieurs fois. *L' ho veduta parecchie volte.*

Où demeure-t-elle ? *Dove sta di casa?*

Ici près. *Qui vicino.*

Dans quelle rue ? *In che strada ?*

Dans la rue de.... *Nella strada di....*

De quel pays est-elle ? *Di che paese è ?*

Elle est Italienne. *È Italiana.*

§ IX. — **Pour aller et venir.**

Qui est là ? *Chi è là.*

Entrez. *Entrate.*

D'où venez-vous ? *Di dove venite ?*

Je viens de chez moi... *Vengo di casa mia.*

Où allez-vous ? *Dove andate ?*

Je vais me promener. *Vado a spasso.*

Je vais voir un ami. *Vado a veder un amico.*

Je vais chez Monsieur N... *Vado dal signor N...*

Je vais chez Madame N... *Vado dalla signora N...*

Je vais ici près ; au logis ; à la comédie ; à l'église. *Vado qua vicino : a casa ; alla commedia ; alla chiesa.*

Voulez-vous que j'aille avec vous ? *Volete ch' io venga con voi ?*

Allons ensemble. *Andiamo insieme.*

Retournons sur nos pas. *Torniamo indietro.*

Où voulez-vous aller ? *Dove volete andare ?*

§ X. — **Pour questionner.**

Que faites-vous ? *Che cosa fate ?*

Qui est-ce ? *Chi è ?*

Qui est-ce qui m'appelle ? *Chi mi chiama ?*

Qui est-ce qui frappe ? *Chi picchia ? bussa ?*

Où êtes-vous ? *Dove siete ?*

Où est-il ? *Dov' è ?*

Où vont-ils ? *Dove vanno ?*

Que dites vous ? *Che cosa dite ?*

Avez-vous entendu ? *Avete sentito.*

Où irons-nous ? *Dove anderemo.*

Voulez-vous venir avec moi ? *Volete venire con me ?*

Que coûte cet objet ? *Quanta costa questo oggetto ?*

§ XI. — **Pour demander ce qu'on dit de nouveau.**

Que dit-on de nouveau ? *Che si dice di nuovo ?*

Je n'ai rien entendu. *Io non ho inteso nulla.*

De quoi parle t-on à présent ? *Di che si parla adesso ?*

On ne parle de rien. *Non si parla di niente.*

Que dit le journal aujourd'hui ? *Che dice oggi il giornale ?*

Avez-vous les journaux du matin ? *Avete li giornali della matina ?*

Avez-vous entendu dire que

nous aurons la guerre ? *Avete inteso dire que arremo la guerra ?*

§ XII. — **Pour parler de la température.**

Quel temps fait-il aujourd'hui ? *Che tempo fa oggi ?*

Il fait beau temps. *Fa bel tempo.*

Il fait mauvais temps. *Fa cattivo tempo.*

Le temps est couvert. *Il tempo è nuvoloso.*

Il fait chaud. *Fa caldo.*

Il fait froid. *Fa freddo.*

Il me semble qu'il fait un grand brouillard. *Mi pare che vi sia una gran nebbia.*

C'est vrai. *È vero.*

Il fait du vent. *Tira vento.*

Il pleut. *Piove.*

Il pleut à verse. *Diluvia.*

Ce n'est qu'une ondée ; elle passera bientôt. *Non è che una scossa ; passera presto.*

Mettons-nous à couvert. *Mettiamoci al coperto.*

Les nuages se dissipent peu à peu ; *Le nuvole spariscono poco a poco.*

Le soleil commence à luire. *Il sole comincia a risplendere.*

Il fait une chaleur étouffante. *È un caldo affannoso.*

Il fait un temps humide et malsain. *È un tempo umido e malsano.*

§ XIII. — **Pour aller à la promenade.**

Allons faire une promenade. *Andiamo a fare una passeggiata.*

Voulez-vous venir avec moi ? *Volete venir meco ?*

Je le veux bien. *Volentieri.*

Où irons-nous ? *Dove andremo ?*

Allons dans le jardin. *Andiamo nel giardino.*

Voilà de très belles allées. *Viali sono questi bellissimi.*

Il y a, comme vous voyez, toutes sortes de fleurs. *Vi è, come vedete, ogni sorte di fiori.*

Je commence à être las. *Comincio ad essere stanco.*

Reposons-nous un peu. *Riposiamoci un poco.*

Asseyons-nous sous ce hêtre, ou au bord de ce petit ruisseau. *Sediamo sotto questo faggio, o alla riva di questo ruscelletto.*

Mettons-nous plutôt près de ce chêne-là ; car il y a plus d'herbe et plus d'ombre. *Mettiamoci piuttosto vicino a quella querca ; poichè vi è più erba e più ombra.*

Cette promenade m'a fait du bien. *Questa passeggiata mi ha fatto bene.*

Il est temps de retourner à la maison. *È tempo di ritornare a casa.*

Je vous souhaite une bonne nuit. *Vi auguro una felice notte.*

Portez-vous bien ; mes compliments chez vous. *State bene ; i miei complimenti a casa.*

§ XIV. — **Pour demander l'heure.**

Quelle heure est-il ? *Che ora è ?*

Quelle heure croyez-vous qu'il soit ? *Che ora credete che sia ?*

Je crois qu'il n'est pas encore deux heures. *Credo che non siano ancora le due.*

Il est deux heures et demie. *Sono due ore e mezzo.*

Il est deux heures et trois quarts. *Sono due ore e tre quarti.*

Il est quatre heures moins un quart. *Sono le quattro meno un quarto.*

Il s'en va cinq heures. *Sono cinque ore le prime.*

Comment! cinq heures ! Il est six heures sonnées. *Come le cinque ! Sono sonate le sei.*

Il est midi. *È mezzodi.*

Il est presque nuit. *È quasi notte.*

Il se fait tard. *Si fa tardi.*

A minuit. *A mezza notte.*

Nous nous verrons demain à dix heures. *Ci vedremo domani alle dieci...*

Je vous attendrai jusqu'à onze heures, à onze heures et un quart. *Vi aspetterò fino alle undici; alle undici e un quarto.*

Sous peu, *in breve, fra poco.*

Il y a un mois, *un mese fa, è un mese.*

Aujourd'hui, *oggi.*

Le matin, *questa mattina.*

Toujours, *sempre.*

Jamais, *mai.*

Tôt ou tard, *o presto o tardi.*

A peu près, presque, *preso sa poco, quasi.*

De temps en temps, *di quando in quando.*

§ XV. — **Pour consulter**.

Que ferons-nous ? *Che faremo ?*

Que faut-il faire ? *Che si ha da fare ?*

Que me conseillez-vous de faire ? *Che mi consigliate di fare ?*

Quel parti prendrons-nous ? *Che partito prenderemo ?*

Que voudriez-vous faire ? *Che vorreste fare ?*

Il me semble qu'il vaudrait mieux... *Mi pare che sarebbe meglio...*

Si j'étais à votre place, je ferais... *S' io fossi in luogo vostro, farei...*

Qu'en pensez-vous ? *Che ne pensate ?*

§ XVI. — **Pour remercier et complimenter**.

Bonjour, Monsieur. *Buon giorno, Signore.*

Votre très humble serviteur. *Servitore umilissimo.*

Je suis bien aise de vous voir en bonne santé. *Godo di vedervi in buona salute.*

Je vous remercie de tout mon cœur. *Vi ringrazio di tutto cuore.*

Merci. *Grazie.*

Puis-je vous servir en quelque chose. *Posso servirvi in qualche cosa ?*

Je vous suis fort obligé, obligée. *Vi sono molto obligato, obligata.*

Vous me faites trop d'honneur. *Mi fate troppo onore.*

Donnez une chaise à Monsieur. *Date una sedia al Signore.*

Il n'est pas nécessaire. *Non è necessario.*

Couvrez-vous. *Copritevi.*

Je suis fort bien comme cela. *Sto benissimo così.*

§ XVII. — Pour commander.

Ecoutez-moi. *Sentite.*

Pas si vite. *Non tanti presto.*

Marchez vite. *Caminate presto.*

Faites ce que je vous dis. *Fate quel che vi dico.*

Venez ici. *Venite qua.*

Montez. *Salite.*

Descendez. *Scendete.*

Allez à droite, à gauche. *Andate a destra, a sinistra*

Allez-vous-en. *Andatevene.*

Dépêchez-vous. *Spicciatevi.*

Revenez tout de suite. *Tornate subito.*

Arrêtez-vous. *Fermatevi.*

Pourquoi restez-vous debout ? *Perchè restate voi in piedi?*

Asseyez-vous. *Sedete.*

Attendez un peu. *Aspettate un poco.*

Ouvrez la fenêtre. *Aprite la finestra.*

Fermez la porte. *Chiudete la porta.*

§ XVIII. — Pour affirmer et nier.

Il est vrai. *È vero.*

Cela n'est que trop vrai. *Quest' è pur troppo vero.*

Qui en doute? *Chi ne dubita?*

Il n'y a point de doute. *Non v'è dubbio alcuno.*

Croyez-moi; je puis vous l'assurer. *Credetemi ; ve lo posso assicurare.*

C'est ainsi. *È così.*

Je crois qu'oui. *Credo di sì.*

Je crois que non. *Credo di no.*

Je dis que oui. *Dico di sì.*

Je dis que non. *Dico di no.*

Sur mon honneur. *Sull' onor mio.*

Sur ma parole. *Sulla mia parola.*

Je vous crois. *Vi credo.*

Je n'en crois pas un mot. *Non ne credo una parola.*

Je ne saurais le croire. *Non posso crederlo.*

Cela n'est pas vrai. *Non è vero.*

Cela est impossible. *È impossibile.*

Cela est faux. *Quest' è falso.*

C'est un mensonge. *È una bugia.*

Vous vous trompez. *Ella s'inganna.*

§ XIX. — Pour accorder et refuser.

Oui, certainement. *Sì certamente.*

Je suis tout à votre service. *Sono dispostissimo a servirla.*

J'y consens. *V' acconsento.*

Comptez sur moi. *Conti su me.*

C'est convenu. *È convenuto.*

§ XX. — Pour exprimer le doute, la surprise, l'admiration.

Quoi ! vraiment ? *Che ! davvero ?*

Vous m'étonnez. *Ella mi sorprende.*

Je doute que cela soit vrai. *Dubito che sia vero.*
Cela ne se peut pas. *Non può essere.*
C'est incroyable. *È incredibile.*
C'est admirable. *È inaudito, e mirabile.*
C'est vraiment magnifique. *È propriamente magnifico.*
Quelle merveille! *Quel mararviglia.*
C'est de toute beauté. *È bellissimo.*
En vérité, c'est délicieux. *Davvero che è delizioso.*
Quel travail admirable! *Que lavoro stupendo, squisito.*
C'est un vrai chef-d'œuvre. *è un vero capolavoro.*

§ XXI. — Pour exprimer la joie, la douleur, et formuler des reproches.

Ah! quel bonheur! *Ah! que piacere!*
J'en suis bien aise. *Ne sono lietissimo.*
Cela me fait le plus grand plaisir. *Questa cosa mi fa il maggior piacere.*
C'est très malheureux. *È granda sventura.*
J'ai bien du chagrin. *Ho molti affanni.*
Quel dommage! *Que danno!*
Je suis fort mécontent de vous. *Sono assai malcontento di voi (di lei).*
Vous avez mal agi. *Ella ha agito male.*

II

Notions générales.

§ 1. — Religion.

Dieu, *Iddio.*
Jésus-Christ, *Gesù-Cristo.*
Le Saint-Esprit, *Spirito santo.*
La Sainte Vierge, *Santa Virgine, la Madonna.*
L'Église, *la Chiesa.*
Chapelets, *corone.*
Médailles, *medaglie.*
Prière, *preghiera.*
Prédicateur, *predicatore.*
Sermon, *sermone.*
Messe, *messa.*

Vêpres, *vespri.*
Croix, *croce.*

§ II. — Dignités ecclésiastiques.

Le Pape, *il Papa, il Sommo Pontefice, Santo Padre.*
La papauté, *il papato.*
Papal, *papale.*
Cardinal, *cardinale.*
Archevêque, *arcivescovo.*
Évêque, *vescovo.*
Chanoine, *canonico.*

Curé, *curato, parroco.*
Prélat, *prelato.*
Chapelain, *capellano.*
Abbé, *abbate.*
Abbesse, *badessa.*
Moine, *monaco, frate.*
Cathédrale, *duomo, catte-
drale.*
Chapelle papale, *capella pa-
pale.*
Sacristain, *sagrestano.*
Tableaux, *quadri.*
Pèlerins, *pellegrini.*

§ III. — Église.

Basilique, *basilica.*
Cathédrale, *duomo.*
Autel, *altare.*
Maître-autel, *altar maggiore.*
Sacristie, *sacristia.*
Chaire, *pulpito.*
Chaise, *sedia.*
Candélabre, *candelabro.*
Coupole, *cupola.*
Cloches, *campane.*
Clocher, *campanile.*
Mosaïque, *mosaico.*
Piliers, *colonne.*
Colonnes, *colonne.*
Chapiteaux, *capitelli.*
Voûte, *volta.*
Trésor, *tesoro.*
Baptistère, *battistero.*
Jubé, *tribuna.*
Ambon, *ambone.*
Chapelle, *capella.*
Pavé, *Pavimento.*
Balcon, *loggia.*
Portail, *portico.*
Nef, *nave.*
Niche, *nicchia.*
Bas-relief, *basso-riliero.*
Sainte Table, *balaustra.*
Transept, *crociata.*

Abside, *absida.*
Crypte, *catacomba.*
Encensoir, *turibolo, incen-
siere.*
Confessional, *confessionario.*
Fresques, *affreschi.*
Statues, *statue.*
Baldaquin, *baldacchino.*

§ IV. — Le temps et ses par-
ties.

Il tempo e sue divisioni.

Le printemps, *la primavera.*
L'été, *l'estate.*
L'automne, *l'autunno.*
L'hiver, *l'inverno.*
Un mois, *un mese.*
Le jour, *il giorno.*
Le jour de fête, *il giorno di
festa.*
Le jour ouvrable, *il giorno di
lavoro.*
Le lever du soleil, *lo spuntar
del sole.*
Le matin, *la mattina.*
Le midi, *il mezzo giorno, mez-
zodì, mezziggio.*
L'après-dînée, *il dopo pranzo.*
Le coucher du soleil, *il tra-
montar del sole.*
Le soir, *la sera.*
La nuit, *la notte.*
Après-souper, *dopo cena.*
Minuit, *mezza notte.*
Aujourd'hui, *oggi.*
Hier, *jeri.*
Avant-hier, *l'altro jeri.*
Demain, *domani.*
Après-demain, *posdomani.*
Une heure, *un'ora.*
Un quart d'heure, *un quarto
d'ora.*

Une demi-heure, *una mezz'ora*.
Une minute, *un minuto*.
Une semaine, *una settimana*.

Les jours de la semaine.

Lundi, *lunedi*.
Mardi, *martedi*.
Mercredi, *mercoledi*.
Jeudi, *giovedi*.
Vendredi, *venerdi*.
Samedi, *sabbato*.
Dimanche, *domenica*.
La semaine, *settimana*.

Les mois.

Janvier, *gennajo*.
Février, *febbrajo*.
Mars, *marzo*.
Avril, *aprile*.
Mai, *maggio*.
Juin, *giugno*.
Juillet, *luglio*.
Août, *agosto*.
Septembre, *settembre*.
Octobre, *ottobre*.
Novembre, *novembre*.
Décembre, *dicembre*.

§ V. — **La maison**.

La maison, *la casa*.
La porte, *la porta*.
La sonnette, *il campanello*.
La chambre, *la camera*,
La salle, *la sala*.
La fenêtre, *la finestra*.
La cour, *il cortile*.
L'escalier, *la scala*.
L'allée, *l'andito*.
Le rez-de-chaussée, *il pian' terreno*.
L'entresol, *il mezzanino*.

Le premier, le second, le troisième, etc., étage, *il primo, il secondo, il terzo*, etc., *piano*.
Le seuil, *il soglio*.
La cuisine, *le cucina*.
Une clef, *una chiave*.
Le salon, *il salone*.
Cellier, *tinello*.
Les lieux d'aisances, *il luogo comodo, cesso*.
Salle à manger, *il salotto di mangiare*.
Chambre à coucher, *camera di dormire*.

§ VI. — **Les meubles de la maison**.

I mobili della casa.

Le lit, *il letto*.
Les draps, *le lenzuoli*.
Le matelas, *il materasso*.
La paillasse, *il paggliericcio*.
Le traversin, *il cappezzale*.
L'oreiller, *il guanciale*.
La couverture, *la coperta*.
Les rideaux, *le cortine*.
Le tapis, *il tappeto*.
La chaise, *la sedia*.
Allumettes, *zolfanelli, flamiferi*.
Bougeoir, *bugia*.
Bougie, *candela di cera*.
Lampe, *lucerna, lampada*.
Pot à eau, *boccale*.
La table, *la tavola*.
Le miroir, *lo specchio*.
Les tableaux, *i quadri*.

§ VII. — **L'air, l'atmosphère**.

Le brouillard, *la nebbia*.
Le chaud, *il caldo*.
Le froid, *il freddo*.

Le feu, *il fuoco*.
L'air, *l'aria*.
La terre, *la terra*.
L'eau, *l'acqua*.
La mer, *il mare*.
Le soleil, *il sole*.
La lune, *la luna*.
Le vent, *il vento*.
La pluie, *la pioggia*.
Les nuages, *le nuvole*.
La rosée, *la rugiada*.
La brise, *la brezza*.
Le vent du nord, *la tramontana*.
Le vent du sud, *il noto, l'austro, il sirocco*.

§ VIII. — Degrés de parenté.

Le père, *il padre*.
La mère, *la madre*.
Le frère, *il fratello*.
La sœur, *la sorella*.
L'oncle, *lo zio*.
La tante, *la zia*.
Le mari, *il marito*.
La femme, *la moglie*.

§ IX. — Des états de l'homme et de la femme.

Un vieillard, *un vecchio*.
Une vieille, *una vecchia*.
Un homme âgé, *un uomo attempato*.
Un jeune homme, *un giovane*.
Une jeune fille, *una giovane*.
Un enfant, *fanciullo*.
Un petit enfant, *un bambino*.
Un garçon, *un ragazzo*.
Une fille, *una zitella*.
Le maître, *il padrone*.
La maîtresse, *la padrona*.
Le domestique d'hôtel, *il cameriere*.
Le garçon de café, *bottega*.
La femme de chambre, *la cameriera*.
Le cuisinier, *il cuoco*.
Le cocher, *il cochiere*.
Le maître d'hôtel, *il maestro di casa*.
Le paysan, *il contadino*.
L'étranger, *il forestiero*.

III

Grammaire.

§ 1. — De l'Article.

Les Italiens ont trois articles : *lo, il, la*.
L'article *lo* se décline ainsi :

Singulier.

Nom. Lo, le.
Gén. Dello, du.
Dat. Allo, au.
Acc. Lo, le.
Abl. Dallo, du.
Nello, dans le.
Collo, avec le.
Per lo, pour le.
Sullo, sur le.

Pluriel.

Nom. Gli, les.
Gén. Degli, des.
Dat. Agli, aux.
Acc. Gli, les.
Abl. Dagli, des.
Negli, dans les.
Cogli, avec les.
Per gli, pour les.
Sugli, sur les.

Il se met devant les noms masculins, tant substantifs qu'adjectifs, qui commencent par une *s*, suivie d'une autre consonne.

L'article *il* se décline ainsi :

Singulier.	Pluriel.
Nom. Il, le.	*Nom. I* ou *li*, les.
Gén. Del, du.	*Gén. Dei,* ou *de'*, des.
Dat. Al, au.	*Dat. Ai* ou *a'*, aux.
Acc. Il, lo.	*Acc. I* ou *li*, les.
Abl. Dal, du.	*Abl. Dai* ou *da'*, des *ou* par les.
Nel, dans le.	*Nei* ou *ne'*, dans les.
Col, avec le.	*Coi* ou *co'*, avec les.
Pel, pour le.	*Pei* ou *pe'*, pour les.
Sul, sur le.	*Sui* ou *su*, sur les.

Cet article se met devant les noms masculins qui commencent par toute consonne, excepté l's suivie d'une autre consonne.

L'article *la* se décline ainsi :

Singulier.	Pluriel.
Nom. La, la.	*Nom. Le*, les.
Gén. Della, de la.	*Gén. Della*, des.
Dat. Alla, a la.	*Dat. Alle*, aux.
Acc. La, la.	*Acc. Le*, les.
Abl. Dalla, de la.	*A. Dalle*, des *ou* par les.
Nella, dans la.	*Nelle* ou *ne le*, dans les.
Colla, avec la.	*Colle* ou *con le*, avec les.
Pella, ou *per la*, pour la.	*Pelle* ou *per le*, pour les.
Sulla ou *su la*, sur la.	*Sulle* au *su le*, sur les.

§ II. — Des Pronoms personnels

Première personne des deux genres.

Singulier.	Pluriel.
Nom. Je, moi, *io*.	Nous, *noi*.
Gén. De moi, *di me*.	De nous, *di noi*.
Dat. A moi, *a me, mi, me*.	A nous, *a noi, ci, ce, ne*.
Acc. Moi, *me, mi*.	Nous, *noi, ci, ce, ne*.
Abl. De (*ou* par) moi, *da me*.	De (*ou* par) nous, *da noi*.

Seconde personne des deux genres.

<table>
<tr><td>**Singulier.**</td><td>**Pluriel.**</td></tr>
<tr><td>*Nom.* Tu, toi, *tu.*</td><td>Vous, *voi.*</td></tr>
<tr><td>*Gén.* De toi, *di te.*</td><td>De vous, *di voi.*</td></tr>
<tr><td>*Dat.* A toi, *a te, ti, te.*</td><td>A vous, *a voi, vi, ve.*</td></tr>
<tr><td>*Acc.* Toi, *te, ti.*</td><td>Vous, *vi, ve.*</td></tr>
<tr><td>*Abl.* De toi, *da te.*</td><td>De vous, *da voi.*</td></tr>
</table>

Troisième personne du genre masculin.

<table>
<tr><td>**Singulier.**</td><td>**Pluriel.**</td></tr>
<tr><td>*Nom.* Il, lui, *egli* ou *esso, ei, e'*</td><td>Ils, eux, *eglino* ou *essi, egli, e'*</td></tr>
<tr><td>*Gén.* De lui, *di lui.*</td><td>D'eux, *di loro.*</td></tr>
<tr><td>*Dat.* A lui, *a lui, gli, li.*</td><td>A eux, *loro, gli, li.*</td></tr>
<tr><td>*Acc.* Lui, *lui, il, lo.*</td><td>Eux, *loro.*</td></tr>
<tr><td>*Abl.* De lui, *da lui.*</td><td>D'eux, *da loro.*</td></tr>
</table>

Troisième personne du genre féminin.

<table>
<tr><td>**Singulier.**</td><td>**Pluriel.**</td></tr>
<tr><td>*Nom.* Elle, *ella* ou *essa.*</td><td>Elles, *elleno* ou *esse.*</td></tr>
<tr><td>*Gén.* D'elle, *di lei.*</td><td>D'elles, *di loro.*</td></tr>
<tr><td>*Dat.* A elle, *a lei, le.*</td><td>A elles, *a loro.*</td></tr>
<tr><td>*Acc.* Elle, *lei, la.*</td><td>Elles, *loro, le.*</td></tr>
<tr><td>*Abl.* D'elle, *da lei.*</td><td>D'elles, *da loro.*</td></tr>
</table>

Il faut observer que les pronoms au nominatif se suppriment très souvent en parlant et en écrivant.

Observez aussi que *esso, di esso, ad esso, da esso ; essa, di essa, ad essa, da essa,* etc., servent pour les personnes et les choses ; mais *egli, di lui, ella, di lei,* etc., se disent plus proprement des personnes.

Desso, dessa, et au pluriel *dessi, desse,* ne s'emploient qu'avec les verbes *essere,* être, et *parere,* sembler. Ils se rapportent toujours aux personnes, et expriment quelque chose de plus que *egli* ou *esso, ella* ou *essa.* Ex. *Egli è desso,* c'est lui-même ; *mi pare dessa,* il me semble que c'est elle-même.

Pronom Soi.

Point de nominatif.

Génitif.	De soi, *di se.*
Datif.	A soi, *a se, si.*
Accusatif.	Soi, *se, si.*
Ablatif.	De soi, *da se* (1).

Au lieu de dire *con me, con te, con se,* avec moi, avec toi, avec soi, on dit plus communément *meco, teco, seco* (2).

Les pronoms composés sont *io stesso* ou *io medesimo, di me stesso* ou *di medesimo; ella stessa* ou *ella medesima, di lei stessa* ou *di lei medesima, noi stessi* ou *noi medesimi,* etc., moi-même, de moi-même, elle-même, d'elle-même, nous-mêmes.

Le pronom *en* se rend par *ne.* Exemple : Une faveur en procure une autre, *un favore ne procura un altro.*

Le pronom *y* se rend par *ci* ou *vi.* Ex. Si vous ne voulez pas que le mal augmente, apportez-y remède, *se non volete che il male cresca, poneteci* ou *ponetevi rimedio.*

§ III.— Verbe être *(Essere).*

Je suis, *io sono.*
Tu es, *tu sei.*
Il est, *egli è.*
Elle est, *ella è.*
Nous sommes, *noi siamo.*
Vous êtes, *voi siete.*
Ils sont, *eglino sono.*
Elles sont, *elleno sono.*

J'étais, *io era.*
Tu étais, *tu eri.*
Il était, *egli era.*
Nous étions, *noi eravamo.*
Vous étiez, *voi eravate.*
Ils étaient, *eglino erano.*

Je fus, *io fui.*
Tu fus, *tu fosti.*
Il fut, *egli fu.*
Nous fûmes, *noi fummo.*
Vous fûtes, *voi foste.*
Ils furent, *eglino furono.*

Je serai, *io saro.*
Tu seras, *tu sarai.*
Il sera, *egli sarà.*
Nous serons, *noi saremo.*
Vous serez, *voi sarete.*
Ils seront, *eglino saranno.*

Je serais, *io sarei.*
Tu serais, *tu saresti.*
Il serait, *egli sarebbe.*

(1) Remarquez que, lorsque l'action réfléchit sur la personne qui la fait, on se sert de *se,* et non pas de *lui ou lei.* Ex. Il se fie trop à lui-même *ou* elle se fie trop à elle-même, *egli si fida troppo a se stesso,* ou *ella si fida troppo a se stessa;* et non pas *a lui stesso, a lei stessa.*

(2) Les poètes se servent quelquefois de *nosco, vosco* pour *con noi, con voi,* avec nous, avec vous.

Nous serions, *noi seremmo.*
Vous seriez, *voi sareste.*
Ils seraient, *eglino sarebbero.*

Si j'étais, *se io fossi.*
Si tu étais, *se tu fossi.*
S'il était, *s' egli fosse.*
Si nous étions, *se noi fossimo.*
Si vous étiez, *se voi foste.*
S'ils étaient, *s' eglino fossero.*

§ IV. — Verbe avoir (Avere).

J'ai, *io ho.*
Tu as, *tu hai.*
Il a, *egli ha.*
Elle a, *ella ha.*
On a, *uno ha.*
Nous avons, *noi abbiamo.*
Vous avez, *voi avete.*
Ils ont, *eglino hanno.*
Elles ont, *elleno hanno.*

J'avais, *io aveva.*
Tu avais, *tu avevi.*
Il avait, *egli aveva.*
Elle avait, *ella aveva.*
Nous avions, *noi avevamo.*
Vous aviez, *vio avevate.*
Ils avaient, *eglino avenano.*
Elles avaient, *elleno avevano.*

J'eus, *io ebbi.*
Tu eus, *tu avesti.*
Il eut, *egli ebbe.*
Elle eut, *ella ebbe.*

Nous eûmes, *noi avemmo.*
Vous eûtes, *voi aveste.*
Ils eurent, *eglino ebbero.*
Elles eurent, *elleno ebbero.*

J'aurai, *io avro.*
Tu auras, *tu avrai.*
Il aura, *egli avrà.*
Elle aura, *ella avrà.*
Nous aurons, *noi avremo.*
Vous aurez, *voi avrete.*
Ils auront, *eglino avranno.*
Elles auront, *elleno avranno.*

J'aurais, *io avrei.*
Tu aurais, *tu avresti.*
Il aurait, *egli avrebbe.*
Elle aurait, *ella avrebbe.*
Nous aurions, *noi avremmo.*
Vous auriez, *voi avreste.*
Ils auraient, *eglino avrebbero.*
Elles auraient, *elleno avrebbero.*

Si j'avais, *se io avessi.*
Si tu avais, *se tu avessi.*
S'il avait, *s' egli avesse.*
Si elle avait, *s' ella avesse.*
Si nous avions, *se noi avessimo.*
Si vous aviez, *se voi aveste.*
S'ils avaient, *s' eglino avessero.*
Si elles avaient, *s' elleno avessero.*

§ V. — *Conjugaison des trois verbes réguliers en are, ere, ire.*

INFINITIF.

Comprare, *acheter.*	Vendere, *rendre.*	Servire, *servir.*

PRÉSENT.

J'achète, etc.	Je vends, etc.	Je sers, etc.
Compro.	Vendo.	Servo.
Compri.	Vendi.	Servi.
Campra.	Vende.	Serve.
Compriamo.	Vendiamo.	Serviamo.
Comprate.	Vendete.	Servite.
Comprano.	Vendono.	Servono.

IMPARFAIT.

J'achetais, etc.	Je vendais, etc.	Je servais, etc.
Comprava.	Vendeva.	Serviva.
Compravi.	Vendevi.	Servivi.
Comprava.	Vendeva.	Serviva.
Compravamo.	Vendevamo.	Servivamo.
Compravate.	Vendevate.	Servivate.
Compravano.	Vendevano (1).	Servivano.

PASSÉ DÉFINI.

J'achetai, etc.	Je vendis, etc.	Je servis, etc.
Comprai.	Vendei (2).	Servii.
Comprasti.	Vendesti.	Servisti.
Comprò.	Vendè.	Servi.
Comprammo.	Vendemmo.	Servimmo.
Compraste.	Vendeste.	Serviste.
Comprarono.	Venderono.	Servirono.

PASSÉ INDÉFINI.

J'ai acheté, etc.	J'ai vendu, etc.	J'ai servi, etc.
Ho comprato, etc.	Ho venduto, etc.	Ho servito, etc.

PLUS-QUE-PARFAIT.

J'avais acheté, etc.	J'avais vendu, etc.	J'avais servi, etc.
Aveve comprato, etc.	Aveva venduto, etc.	Aveva servito, etc.

(1) La plupart des verbes de cette conjugaison ont deux terminaisons au passé défini ; savoir, en *ci* et en *etti* ; comme *vendei* ou *vendetti*, *vendè* ou *vendette*, *venderono* ou *vendettero*.

(2) On dit aussi *vendea, vendeano*, au lieu de *vendeva, vendevano*.

FUTUR.

J'achèterai, etc.	Je vendrai, etc.	Je servirai, etc.
Comprero.	Vendero.	Serviro.
Comprerai.	Venderai.	Servirai.
Comprerà.	Vendrà.	Servirà.
Compreremo.	Venderemo.	Serviremo.
Comprerete.	Venderete.	Servirete.
Compreranno.	Venderanno.	Serviranno.

IMPÉRATIF.

Achète, etc.	Vends, etc.	Sers, etc.
Compra.	Vendi.	Servi.
Compri.	Venda.	Serva.
Compriamo.	Vendiamo.	Serviamo.
Comprate.	Vendete.	Servite.
Comprino.	Vendano.	Servano.

PRÉSENT CONJONTIF.

Che (que) j'achète	Che (que) je vende.	Che (que) je serve.
Compri.	Venda.	Serva.
Compri.	Venda.	Serva.
Compri.	Venda.	Serva.
Compriamo.	Vendiamo.	Serviamo.
Compriate.	Vendiate.	Serviate.
Comprino.	Vendano.	Servano

IMPARFAIT CONJONCTIF.

Che (que) j'achetasse.	Che (que) je vendisse.	Che (que) je servisse.
Comprassi.	Vendessi.	Servissi.
Comprassi.	Vendessi.	Servissi.
Comprasse.	Vendesse.	Servisse.
Comprassimo.	Vendessimo.	Servissimo.
Compraste.	Vendeste.	Serviste.
Comprassero.	Vendressero.	Servissero.

TEMPS INCERTAIN

J'achèterais.	*Je vendrais.*	*Je servirais.*
Comprerei.	Venderei.	Servirei.
Compreresti.	Venderesti.	Serviresti.
Comprerebbe.	Venderebbe.	Servirebbe.
Compreremmo.	Venderemmo.	Serviremmo.
Comprereste.	Vendereste.	Servireste.
Comprerebbero.	Venderebbero.	Servirebbero.

PARTICIPE PRÉSENT

Achetant ou	*Vendant* ou	*Servant* ou
en achetant.	en vendant.	en servant.
Comprando.	Vendendo.	Servendo.
Con	Con	Con
Col (1)	Col	Col
In	In	In
Nel	Nel	Nel
Comprare.	Vendere.	Servire.

PARTICIPE PASSÉ

Acheté, ée,	*Vendu, ue,*	*Servi, ie,*
és, ées.	*us, ues,*	*is, ies.*
Comprato, ata,	Venduto, uta.	Servito, ita,
ati, ate.	uti, ute.	iti, ite.

§ VI.— **Nombres cardinaux**.

Un, *uno.*
Deux, *due.*
Trois, *tre.*
Quatre, *quattro.*
Cinq, *cinque.*
Six, *sei.*
Sept, *sette.*
Huit, *otto.*
Neuf, *nove.*
Dix, *dieci.*
Onze, *undici.*
Douze, *dodici.*
Treize, *tredici.*
Quatorze, *quattordici.*
Quinze, *quindici.*
Seize, *sedici.*
Dix-sept, *diciassette.*
Dix-huit, *diciotto.*
Dix-neuf, *diciannove.*
Vingt, *venti.*
Vingt et un, *ventuno.*
Vingt-deux, *ventidue.*
Trente, *trenta.*
Cent, *cento.*
Mille, *mille.*

(1) Lorsque le verbe commence par une *s* suivie d'une autre consonne, on se sert de *nello, collo,* au lieu de *nel, col;* comme *nello scrivere, collo studiare,* en écrivant, en étudiant; et lorsqu'on se sert de *in, con,* on ajoute un *i* au verbe; comme *in iscrivere, con istudiare.*

TURIN

Le débarcadère du chemin de fer est situé place Charles-Félix, à l'extrémité de la rue de Rome. Des omnibus et des fiacres transportent les voyageurs aux principaux hôtels.

Voitures citadines. — De 6 heures du matin à minuit, 1 franc la course (*corsa*), de minuit à 6 heures, 1 fr. 50. Voitures à 2 chevaux : 50 cent. de plus. Omnibus et tramways : 10 centimes.

Hôtels. — Hôtels Europe, de Turin, Feder (chambre, 3 fr.; déjeuner, 1 fr. 50, à 2 fr.; dîner, 4 à 5 fr.; service, 1 fr.)

Hôtel Central, d'Angleterre, Trombetta et Hôtel de France et de la Concorde (tenu à la française), près de la cathédrale, Hôtels de Londres, Suisse, des Trois-Couronnes, etc.

Table d'hôte dans tous ces hôtels, de 3 fr. 50 à 4 fr.

Restaurants. — Café de Paris, via di Po, 21 ; Cambio, place Carignan, 2; Trattoria dell'Antica Verna, via Roma, 13. Cuisine italienne à la *Trattoria* (restaurant) *Meridiania*, via Santa Teresa, 7 ; Deux-Indes, via Vasco, 4 ; Trattoria della Posta place Charles-Albert.

Cafés. — De Paris, National, de la Bourse, de Londres, Madera, etc. On prend le matin un *bicchierino*, (mélange de lait, de café et de chocolat, 20 cent. Une tasse de café, 20 cent.

Bains. — B. de S. Giuseppe, via S. Teresa, 21.

Libraires. — Brero, successeur de P. Marietti, J. Marietti, Lœscher, L. Roux et Cie, Casanova.

Édifices.

Turin (*Torino*) est une des villes les plus régulièrement bâties de l'Europe. Ses rues sont larges et se coupent à angle droit. De là un certain aspect monotone. La population est de 320,000 habitants, y compris les faubourgs.

Turin compte environ 115 églises.

La **Cathédrale**, dédiée à saint Jean-Baptiste (*San Giovanni*), est d'un caractère particulier. Construite à la fin du xvᵉ siècle, elle est dans le style de la Renaissance. 18 petits tableaux improprement attribués à Albert Dürer décorent le deuxième autel à droite. Au transept, deux s-atues, dues au ciseau du sculpteur français Legros, représentant sainte Christine et sainte Thérèse. La *Cène*, de Léonard de Vinci, est reproduite sur le tympan de la porte occidentale. Le trésor de la sacristie est très remarquable.

Quant les princes de la maison de Savoie habitaient Turin, ils occupaient la tribune placée à la gauche du maître-autel.

Derrière cet autel, et séparé de lui par une cloison vitrée, se trouve la Chapelle du Saint-Suaire. « C'est comme une église à part, dit M. J. du Pays, l'auteur de l'excellent *Itinéraire de l'Italie*, et c'est certainement le monument le plus remarquable de Turin, par l'étrangeté du style à laquelle s'est abandonné l'architecte, le P. Guarini, théatin. Elle forme une rotonde très élevée, environnée de colonnes groupées, de marbre noir poli venant de Côme, avec bases et chapiteaux de bronze doré. La coupole qui couronne cette rotonde est d'une construction fort

singulière; elle se termine en haut par une série
de voûtes hexagones superposées les unes au
-dessus des autres, de manière à produire des
ouvertures triangulaires, et, en se rétrécissant, à
former au sommet unesorte d'étoile à jour, à
travers laquelle on aperçoit la voûte avec l'Esprit-
Saint. »

Le pavé est de marbre bleuâtre, dans lequel
sont incrustées des étoiles en bronze doré. Entre
les quatre arcs libres de la chapelle, le roi Charles-
Albert a fait ériger les statues de quatre princes
de Savoie : Amédée VIII, Emmanuel-Philibert,
le prince Thomas de Carignan, tige de la famille
régnante, et Charles-Emmanuel. On voit aussi
dans la chapelle le monument de la reine Marie-
Adélaïde, morte en 1855.

L'autel de marbre noir est à deux faces et porte
une châsse d'argent, mise sous verre, laquelle
renferme la relique du *Saint-Suaire*. Cette relique
fut apportée d'Orient au xive siècle par un
seigneur de Charny et déposée dans une église de
la Champagne. Marguerite de Charny, de la même
famille, la donna, au milieu du xve siècle, à Louis
de Savoie qui la déposa à Chambéry. En 1578,
saint Charles Borromée partit avec un bourdon
à la main pour aller faire un pèlerinage au Saint-
Suaire. Afin de lui épargner la fatigue d'un pareil
voyage, Philibert-Emmanuel fit solennellement
transporter le linceul à Turin.

L'église **Corpus Domini** (xviie siècle) fut bâtie
par l'architecte Vitozzi. Lors de la restauration
de cette église en 1753, le comte Alfieri, qui était
alors « décurion » de la ville, y prodigua le marbre
et les dorures.

L'Eglise de la Consolata (N.-D. de la Consolation, xviie siècle), possède une image vénérée de
la sainte Vierge. Dans la chapelle de gauche,
sous la coupole, on remarque les statues agenouillées de Marie-Thérèse, épouse de Charles-

Albert, et de Marie-Adélaïde, épouse de Victor-Emmanuel (morte en 1855). La galerie à droite de cette église est toute remplie d'ex-voto. — Sur la place voisine, une colonne de granit porte la statue en marbre de la sainte Vierge, érigée en 1835, en action de grâces de la cessation du choléra.

La **Mère de Dieu** (*Grand Madre di Dio*) fut bâtie en 1818 sur le modèle du Panthéon de Rome, pour perpétuer le souvenir du retour en Piémont du roi Victor-Emmanuel Ier, en 1814. Les groupes sculptés des deux côtés de l'escalier symbolisent la Foi et la Charité. Les hautes colonnes du péristyle sont des monolithes de granit.

Saint-Philippe de Néri est la plus vaste de toutes les églises de Turin (xviiie siècle). Les principales curiosités sont un tableau du Solimene *Extase de saint Philippe ; la Vierge et les Saints*, par Carlo Maratta ; *Une Cène à Emmaüs*, de Tiepolo, et une *Conception* de Vanloo.

Saint-Laurent (*San Lorenzo*). La hardiesse et le goût bizarre de son architecte, le P. Guarini, ont acquis à cet édifice une certaine célébrité.

Le maître-autel est placé sous un dôme qui se compose de deux coupoles rondes établies l'une au dessus de l'autre. Cette construction est un miracle d'équilibre.

Saint-François de Paule (*San Francesco di Paola*) fut construit par Pellegrini, à la demande de la duchesse Christine de France.

Un tableau à gauche représente Louise de Savoie, duchesse d'Angoulême, priant le Saint de lui obtenir un fils. Ce fils fut François Ier.

D'autres églises sollicitent aussi l'attention du voyageur : SAINT-CHARLES et SAINTE-CHRISTINE, sur la place San Carlo. La façade est remarquable. — SAINTE-CROIX (*Santa Croce*). — SAINTE-MARIE DES CARMES (*Beata Virgine del Carmine*), d'un style

— 37 —

recherché et bizarre. — Santa Maria di Piazza, rebâtie sur l'emplacement d'une des plus anciennes églises de Turin. — San Massimo (près du jardin public), consacrée à Maxime, évêque de Turin ; bâtie en 1846 ; sorte de Panthéon d'une riche architecture, mais gâté par « des peintures modernes criardes », dit M. du Pays. — Santi Maurizio e Lazzaro ou Santa Croce (*basilica magistrale*), en croix grecque. — Saint-Roch (*San Rocco*), rue San Francesco d'Assisi, par Lanfranchi (1667). — Très Sainte Trinité (*Santa Trinita*), rue Dora Grossa, à droite en venant de la place du Château ; rotonde bâtie par Vitozzi.

Palais du Roi (*Palazzo Reale*), grand édifice formant la face nord de la Piazza del Castello. La grille de la cour d'honneur porte sur ses piliers deux groupes équestres en bronze, représentant Castor et Pollux, exécutés en 1842 par Abbondio Sangiorgio. Simple et banal à l'extérieur, le palais est richement décoré à l'intérieur. Dans le vestibule, se dresse la statue équestre du duc Victor Amédée Ier, mort en 1675. L'aile sud-ouest du palais renferme :

Le Musée royal des Armures (*Armeria reale*) est très bien tenu et contient des objets de premier choix. Pour le visiter, il faut se munir de billets que délivre le matin le secrétariat de la Bibliothèque, au rez-de-chaussée. On donne 1 fr. ou 50 cent. au concierge. — Salle d'entrée : *Saint Michel*, tenant à ses pieds le démon enchaîné qu'il menace de son glaive, groupe en marbre, par Fenelli ; épée de Napoléon Ier à la bataille de Marengo ; selle et harnais offerts par les dames de Bologne, en 1860, à Victor-Emmanuel. Dans la grande galerie, des mannequins, couverts d'armures damasquinées et placés sur des chevaux empaillés, armés en guerre, forment à droite et à gauche de la galerie comme une garde d'honneur de cette panoplie des vieux âges. Parmi les mannequins figure un des écuyers de François Ier, tel qu'il guerroyait à la bataille de Pavie, lorsqu'il fut pris avec son maître. L'armure dont l'écuyer est revêtu est colossale.

Le Palais Madame (*Palazzo Madama*), ou le Château (*Castello*), présente un assemblage de constructions incohérentes. Bâti au XIIIe siècle par Guillaume de Montferrat, il fut réparé et agrandi par Amédée VIII, qui le fortifia de quatre tours. Habité au commencement du XVIIIe siècle par la duchesse de Nemours, mère du roi Victor-Amédée II, il reçut de cette princesse (Madama Reale, reine douairière) le nom de « Palais Madame ». Jusqu'en 1865, le Sénat italien a tenu ses séances dans ce palais. Devant la façade, un monument a été érigé, en 1858, par les Milanais « à l'armée sarde ».

Le **Palais Carignan**, situé sur la place du même nom, a été construit en 1680 par le P. Guarini. Les ornements en terre cuite qui le décorent lui donnent une physionomie originale. Il servait autrefois de demeure aux princes royaux. De 1848 à 1865, la Chambre des Députés et le Conseil d'État y tinrent leurs séances. Tout près s'élève la statue de Gioberti, due au ciseau d'Albertini. A l'est du palais Carignan, la statue du vaincu de Novare décore la place Charles-Albert.

Sur la rive droite du Pô, à peu de distance du Pont, l'Église et le Couvent des Capucins del Monte dominent une colline boisée d'où l'on jouit d'un charmant panorama. On aperçoit la chaîne des Alpes, les cimes neigeuses du mont Rose (4,638[m]), la valée de la Suze, le mont Cenis et le mont Viso.

MILAN

La gare centrale, par laquelle on arrive, est un magnifique édifice décoré de peintures et de fresques.

Voitures. — *Broughams*, se prononce *Braume*; mais à Milan on prononce généralement *Brougans*. De la gare à un point quelconque de la ville, 1 fr. 25, plus 25 cent. par colis. Dans la ville, 1 fr.; l'heure, 1 fr. 50. Omnibus de la place du Dôme, 10 cent. Le transport des bagages dans la ville par les portefaix coûte 50 cent.

Hôtels. — Hôtel de la Ville, corso Vittorio Emmanuele, vis-à-vis de l'église S. Carlo (chambre, 4 à 12 fr.; déjeuner, 1 fr. 50; dîner, 4 fr. 50 à 6 fr.); — hôtel Cavour, place Cavour, Passarella (chambre, 2 fr. 50; repas, 1, 2 et 3 fr. 50); — Europa, corso Vittorio Emmanuele (chambre 2 fr. 50; repas, 1 fr. 50, 3 fr. et 4 fr.); — Gran Britania, via Torino, (chambre, 4 fr.; repas, 1 fr. 50, 2 fr. 50 et 4 fr.); — hôtel Central-Saint-Marc (chambres depuis 2 fr. 50; repas, 1 fr. 25, 3 et 4 fr.).

Restaurants. — Cova, rue San Guiseppe; — Biffi, Gnocchi, dans la galerie Vittorio Emmanuele; — Rebecchino, via S. Margherita, non loin de la place de la Cathédrale; — Fiaschetteria Toscana, près de la galerie Victor-Emmanuel.

Cafés. — Biffi, Gnocchi, delle Colonne, Carini.

Édifices.

Milan est une des villes les plus populeuses de l'Italie; on y compte 414,500 habitants, avec la population des faubourgs. Elle n'a pas un caractère italien tranché. Montaigne trouvait de son temps que « Milan ressemblait assez à Paris ». Cette observation n'a pas perdu de son exactitude. Les rues (*contrade*) sont inégales; elles serpentent autour d'un centre commun, la place des Marchands, voisine du Dôme.

Le Dôme. — C'est le nom ordinaire de la cathédrale. Peu d'édifices religieux peuvent lui être comparés. La hauteur totale est de 108 mètres 50. L'intérieur mesure 145 mètres de long et 55 mètres de large. 6,000 statues environ décorent le Dôme, tant à l'intérieur qu'à l'extérieur, et 98 tourelles gothiques ornent le toit.

Commencée en 1386, sur les ordres de Jean Galéas Visconti, la cathédrale de Milan n'est pas encore terminée. Quelques critiques allemands prétendent que l'architecte fut Henri Harler. Mais les critiques italiens repoussent cette assertion. D'un autre côté, on cite un Nicolas Bonaventure, de Paris, comme l'auteur du plan primitif. L'architecte français Mignot et des architectes normands concoururent également à la construction de l'édifice.

La cathédrale est bâtie en forme de croix; elle a cinq nefs et un transept à trois nefs. Les voûtes à ogive des cinq nefs sont soutenues par 52 colonnes octogones de 35 mètres 30 de haut.

Sous la coupole, devant le chœur, est la Chapelle souterraine où repose le corps de saint Charles Borromée, revêtu de ses habits pontificaux. Cette chapelle a coûté 4 millions. La châsse est d'argent, avec des panneaux en cristal de roche et des moulures en vermeil.

La crypte est ouverte au public tous les jours de 5 à 10 heures du matin. Après 10 heures on ne l'ouvre plus que moyennant un pourboire de 1 fr. Mais le corps du saint n'est montré que moyennant une rétribution de 3 fr. L'ouverture de la chapelle se trouve en faces des portes des sacristies.

Nef latérale de droite. — Sarcophage de l'évêque Heribertus Antimianus (mort en 1045).

Transsept de droite. — Monument des frères Jacques et Gabriel de Médicis. Tout près de l'autel de la Présentation, statue de saint Barthélemy.

Nef latérale de gauche. — Tableau d'autel représentant saint Ambroise faisant grâce à l'empereur Théodose.

A gauche en entrant dans le Dôme, sont les fonts baptismaux. Le cuve de porphyre passe pour avoir appartenu aux Thermes de Maximilien Hercule. Selon le rit ambrosien, encore suivi dans le diocèse de Milan, on y baptise par immersion. Des rideaux blancs, tombant d'un baldaquin, couvrent le baptistère.

Devant le grand autel du transept nord est un candélabre en bronze à sept branches, précieux monument de l'orfévrerie du moyen âge.

Le *Trésor* se trouve dans la sacristie du sud dont la porte se distingue par la richesse des sculptures gothiques dont elle est décorée. Il renferme les statues d'argent de saint Ambroise et de saint Charles Borromée, ainsi que l'anneau et la crosse de ce dernier.

Pour monter sur le toit de la cathédrale et en faire le tour, s'adresser au gardien, à l'angle du transept, à droite (25 cent.). Il faut faire l'ascension le matin si l'on veut jouir d'une belle vue des Alpes. On aperçoit le mont Viso, le mont Cenis, la Superga, le mont Rose, le mont Blanc, les Alpes Bernoises, le Saint-Gothard, le Splügen, la Chartreuse de Pavie, etc., etc.

Milan renferme plus de 80 églises. Après la cathédrale l'édifice religieux le plus remarquable est :

Sant' Ambrogio (Saint-Ambroise). — C'est l'église dont saint Ambroise refusa l'entrée à Théodose après le massacre de Thessalonique, et où saint Augustin abjura ses erreurs. Plus tard, les rois lombards y reçurent la couronne de fer que l'on conserve à Monza.

L'édifice actuel est du XIIe siècle. Il est précédé d'un vestibule du IXe siècle entouré de portiques avec d'anciens tombeaux, des inscriptions, des fresques et des bas-reliefs des premiers temps du christianisme.

Voici l'indication sommaire des principales curiosités : Siège en marbre des premiers évêques de Milan ; *paliotto* ou devant de maître-autel en or. travail d'orfévrerie du IXe siècle (il faut payer 3 francs pour le voir); serpent de bronze qui, selon une croyance populaire, serait celui qu'éleva Moïse et qui doit siffler à la fin du monde; mosaïque du IXe siècle ; chaire de marbre portée par huit arceaux, etc.

La crypte moderne renferme les sépultures de saint Ambroise, saint Protais et saint Gervais, découvertes en 1871 sous le grand autel.

Les autres églises de Milan sont S. Lorenzo, qui renferme des mosaïques du VIe siècle et le sarcophage d'Astolphe, roi des Goths (416) ; S. Eustorgio, qui possédait jadis les reliques des rois Mages ; Santa Maria près San Celso. remarquable par ses statues d'Adam et d'Eve, dues au ciseau de Stoldo Lorenzi ; San Stefano, *in Broglio*, où trois jeunes gens assassinèrent le duc Galéas Marie Sforza, qui s'était rendu odieux par son exécrable cruauté, etc.

Palais Brera (*palazzo delle Scienze ed Arti*). — Très belle construction. La cour est entourée d'un double étage de portiques décoré de statues.

La statue en bronze de Napoléon Ier est au milieu.

Le Brera appartint d'abord à l'ordre des Humiliés et ensuite aux Jésuites.

La galerie de tableaux est fort belle. On remarque surtout le *Spozalicio* de Raphaël, une *Tête de Jésus*, par Léonard de Vinci; des panneaux de Bernardin Luini, des toiles de Mantegna, du Titien, du Dominiquin, du Guerchin, etc.

Bibliothèque Ambrosienne. — Fondée par le cardinal Frédéric Borromeo, elle contient 130,000 volumes et 15,000 manuscrits.

Au rez-de-chaussée : admirable fresque de B. Luini, *Jésus couronné d'épines.*

Galerie Victor-Emmanuel. — C'est un passage vitré formant une croix grecque avec une coupole au milieu. Vingt-quatre statues d'Italiens célèbres ornent la galerie. Le soir, le passage est illuminé par 2,000 becs de gaz qu'un appareil allume en une minute et demie. Le pavé est rehaussé de mosaïques.

Arc du Simplon. — Ce monument a eu des fortunes diverses. D'abord destiné à célébrer les victoires de Napoléon Ier, il en raconta les défaites; puis en 1859, l'inscription changea de nouveau, et ce fut à Napoléon III et à Victor-Emmanuel que les Milanais dédièrent leur arc de triomphe. Ce monument constitue d'ailleurs une magnifique entrée.

VENISE

La gare est à l'extrémité du Grand Canal, près de l'église des Scalzi.

Gondoles. — Les voitures de place et les fiacres de Venise sont des « gondoles », et des barques les omnibus. Ces dernières sont moins recommandables ; on emploie le double de temps, on est pressé par la foule et l'on ne voit rien. Des gondoles stationnent au pont de la Pagia, au Rialto et à la Riva del Carbon. Quand on veut faire un trajet, il faut préalablement s'entendre avec le *gondolière* ou *barcaiuolo*. Une gondole, de la gare à un point quelconque de la ville, 1 fr., plus 15 cent. par gros colis. Un deuxième rameur veut ordinairement offrir ses services au voyageur ; il est complètement superflu et double le prix. Une gondole à un rameur : la première heure 1 fr. ; chaque heure suivante, 50 cent. De huit heures du matin au coucher du soleil, *cinq francs*.

En barque-omnibus, la course sans bagages coûte 25 cent. et 5 cent. de pourboire ; chaque gros colis, 25 cent. ; plus un pourboire au commissionnaire qui porte les bagages à l'hôtel. A la sortie de la station, on nomme son hôtel et aussitôt un employé du chemin de fer vous désigne la barque qui y conduit.

Hôtels. — Grand-Hôtel Royal (Danieli) dans l'ancien palais Bernardi, quai des Esclavons, à l'est du palais des Doges (chambre, 5 fr. ; repas, 2, 4 et 5 fr.) ; — Beau-Rivage, dépendance de

l'Hôtel Royal, également sur le quai des Esclavons;
— Europa, dans l'ancien palais Giustiniani, sur le
Grand Canal, vis-à-vis de la Dogana di S. Marco
dans le voisinage de la place Saint-Marc (mêmes
prix); — San Marco, place Saint-Marc, dans les
vieilles Procuraties (chambre, 2 fr. 50 à 6 fr. ;
repas, 1 fr. 50, 2 fr. 50 et 4 fr. 50); — Bellevue,
sur la place Saint-Marc (côté nord), à côté de la
tour de l'Horloge, en face de l'église Saint-Marc
(chambre, 3 à 4 fr.); — Victoria (chambre,
3 fr. 50 à 4 fr. ; repas, 3 à 4 fr).

Logements. — En cas de séjour prolongé, on
trouvera facilement une chambre garnie à louer :
les plus chères sont situées sur le Grand Canal
et le quai des Esclavons (Riva degli Schiavoni);
les plus agréables et les plus tranquilles, sur les
Fondamenta delle Zattere. Le prix est de 1 à 3 fr.
par jour, 30 à 50 fr. par mois.

On se gardera de dormir les fenêtres ouvertes,
à cause des moustiques; on en est le mieux
garanti par un lit à rideau de gaze fermée (zanza-
riera). Des bougies parfumées (fidibus contro le
zanzare) sont vendues dans les pharmacies, à
titre de remède.

Restaurants *(Trattorie).* — Café Quadri, au
premier étage ; Vapore, restaurant et hôtel de
Venise ; Tre Stelle ; Citta di Genova ; Citta di
Firenze, calle del Riditto, presque en face de
l'hôtel de l'Europe ; Cavalletto, derrière l'hôtel
Saint-Marc.

Cafés. — Sur la place Saint-Marc, côté sud,
Florian, établissement le plus fréquenté de Venise;
demi-tasse café noir, 20 cent. ; grande tasse de
café à la crème, 40 cent. ; de chocolat, 30 cent.;
glace, 30 cent. Café Svizzero, côté nord degli
Specchi, rendez-vous favori des Vénitiens; Quadri,
café Giardino Reale, à droite de Piazzetta. Après
le coucher du soleil, on place des centaines de
petites tables et de chaises devant ces cafés, de

sorte qu'une grande partie de la place en est
encombrée ; il n'y a guère alors que les consom-
mateurs de glaces. C'est aussi à cette heure que
la place Saint-Marc est le rendez-vous d'une
foule de marchands de coquillages, de verroteries,
de friandises, etc., de musiciens et de déclama-
teurs.

Ciceroni. — On les rencontre avant 9 heures du
matin ou vers 8 heures du soir sur la place Saint-
Marc. On leur paie 6 fr. pour la journée, de
9 heures du matin à 6 heures du soir, à peu près
autant que pour les gondoles et les pourboires.
Quelques-uns de ces ciceroni se chargent des
frais de gondole et des pourboires, et se font
payer de chaque voyageur 11 fr. par jour, tous
frais compris.

Venise compte 158,000 habitants. Située dans
les *lagunes*, bas-fond de l'Adriatique long de
40 kilomètres et large de 15, elle est sillonnée de
147 canaux qui la divisent en 117 îles, réunies les
unes aux autres par 358 ponts. Une longue rangée
de dunes *(lidi)* fortifiées par d'énormes murs
protègent les lagunes. Les principales voies de
circulation sont les canaux *(rii)*. Les maisons
sont, il est vrai, bordées d'étroites ruelles, nom-
mées *calli*, mais ces ruelles forment un tel labyrinthe que les touristes ne s'y engagent pas.

Édifices.

La Basilique **Saint-Marc** est dédiée à l'évangéliste de ce nom dont elle possède les reliques
depuis l'année 828. Construite de 996 à 1051, dans
le style romano-byzantin, elle affecte la forme
d'une croix grecque.

Le portail principal est surmonté des fameux
« quatre chevaux de bronze » qui ont un instant

décoré l'arc de triomphe du Carrousel. Œuvre
d'un statuaire romain contemporain de Néron, et
non de Lysippe, comme on l'a cru longtemps, ce
groupe orna d'abord l'arc de triomphe de Trajan;
après avoir été transféré à Constantinople, il fut,
en 1204, porté à Venise par le doge Dandolo, et,
en 1797, à Paris, par le consul Bonaparte. L'Autriche le fit restituer à Venise en 1815.

Signalons sur la façade de la Basilique les
mosaïques des arcades : le Jugement dernier,
l'Embarquement du corps de saint Marc à
Alexandrie, son Débarquement à Venise, la
Descente de croix, etc.

Les mosaïques du porche *(atrio)* ne sont pas
moins remarquables : les *anciennes*, du XIIe siècle,
représentent des sujets de l'Ancien Testament;
les *modernes*, des scènes du Nouveau.

L'intérieur se compose de trois nefs. On entre
par une grande porte au dessus de laquelle se
trouvent des mosaïques du Xe siècle (le Christ, la
Vierge et saint Marc).

Les mosaïques du *paré* sont du XIe siècle. Le
jubé est surmonté de quatorze statues de marbre.
A droite et à gauche, des colonnes portent deux
vieux *ambons* en marbre de couleur.

Le *maître-autel* renferme les restes de saint
Marc. Quatre colonnes ornées de bas-reliefs du
XIe siècle soutiennent le baldaquin qui le surmonte. Au-dessus de l'autel, se trouve la *pala
d'oro*, espèce de retable composé de plaques d'or
et d'argent constellées de pierres précieuses.
L'autel, adossé à l'abside, porte quatre colonnes
torses en albâtre diaphane, provenant, dit-on, du
temple de Salomon.

Le BAPTISTÈRE est situé dans la nef latérale de
droite; les fonts baptismaux, en bronze, datent
du milieu du XVIe siècle. Une pierre du mont
Thabor est sur l'autel. A gauche, une tête de saint
Jean-Baptiste, du XVe siècle, et, au dessous, la
pierre sur laquelle le Précurseur fut exécuté.

Tout auprès la chapelle Zeno, où est le monument funèbre du cardinal Zeno (mort en 1501), en bronze.

Le Trésor (*tresoro di San Marco*) renferme des candélabres de Benvenuto Cellini, des diptyques provenant de Sainte-Sophie, un vase de cristal avec du sang de Notre-Seigneur, une colonne d'argent avec un morceau de la colonne de la Flagellation, un calice en agate avec une partie du crâne de saint Jean, et un trône épiscopal du VII⁰ siècle, passant pour celui de saint Marc.

Les restes de Daniel Manin, le Président de la République en 1848, reposent dans un sarcophage situé au nord de la cathédrale, sous les arcades du transept. A l'angle sud-est de la basilique, se trouve la *pietra del bando* (pierre de l'édit) du haut de laquelle la République faisait proclamer ses lois.

Vis-à-vis de Saint-Marc, se dresse, à 98 mètres au dessus du sol, le **Clocher de Saint-Marc** (*Campanile di San Marco*).

Une rampe en spirale y conduit. Avec un télescope, on aperçoit du sommet la ville, les lagunes, l'Adriatique, les monts Euganéens, etc. C'est dans la *loggetta* qui fait saillie sur la façade de l'est du clocher que les Procurateurs de la République attendaient les délibérations du Grand Conseil.

Venise comptait autrefois 200 églises; elle en possède encore environ 90. Nous citerons les principales :

San Giuliano, architecture du XVI⁰ siècle; — Santa Maria Formosa : au-dessus du premier autel à droite, un tableau représentant sainte Barbe (*Santa Barbara*), chef-d'œuvre de Palma le Vieux; — San Zaccaria : sur le bénitier, statue de saint Jean-Baptiste, par A. Vittoria; admirable tableau de la Vierge sur un trône, entourée de saints; *Circoncision*, de J. Bellini; — San Stefano, église gothique du XIV⁰ siècle, avec une façade en briques et une voûte en bois; *Cène*, du Tintoret;

statue équestre du général Contarini; — SANTA MARIA ZOBENIGO : façade remarquable; — SAN SALVATOR : sur le deuxième autel, délicates sculptures de Girolamo Compagna; troisième autel, *Annonciation,* du Titien; maître-autel remarquable; rétable en argent du XIIIe siècle; excellente *Cène,* de J. Bellini; statue de saint Jérôme, par Lombardo; SAN GIUSEPPE, *Nativité du Christ,* par P. Véronèse; — SAN PIETRO DI CASTELLO, façade en marbre; troisième autel, saint Pierre, saint Paul et saint Jean, par P. Véronèse; — SAINT JEAN CHRYSOSTOME : saint Jean Chrysostôme et d'autres saints, par Seb. del Piombo; — SANTI APOSTOLI : *la Manne,* par P. Véronèse. — SAN GIOVANNI E PAOLO (prononcez *San Zanipolo*), sorte de Panthéon vénitien, rempli de mausolées des doges et des grands hommes de la République; style gothique italien du XIIIe siècle. C'est l'église la plus importante du Venise, après Saint-Marc; mausolée du doge Mocenigo, du général Orsini, des doges Morosini, Loredan, Marcello, etc.; — REDENTORE, ou du Rédempteur : *la Nativité de Jésus-Christ,* par le Bassan; *la Flagellation,* par le Tintoret; *trois Madones,* de J. Bellini. — SAN SEBASTIANO : *Saint Nicolas,* peint par le Titien à l'âge de quatre-vingt-six ans; *Christ en croix,* par P. Véronèse; *Baptème de Jésus-Christ,* par le même. — MADONNA DEL ORTO, superbe façade dans le style gothique de la dernière période. Tableaux du Tintoret, de Palma le Vieux, de Bellini, etc. — SANTA MARIA DEL SALUTE, église à coupole du XVIIe siècle : *Descente du Saint-Esprit,* par le Titien; *Nativité de la Vierge,* par Lui Giordano, etc. — FRARI, ou *Santa Maria Gloriosa dei Frari,* église des Pères Franciscains, style du XIIIe siècle. Très grand et très riche édifice. Tombeau du Titien; tableau d'autel de J. Bellini; *Saint Jean-Baptiste,* par Donatello. — SAN GIOVANNI ELEMOSINARIO. — SCUOLO DI SAN ROCCO : peintures du Tintoret, du Titien, de Véronèse, de Salviati, de Zuccaro, etc.

La **Place Saint-Marc** (*piazza di San Marco*). — M. du Pays la qualifie de « Forum de Venise »; ce nom est bien trouvé. La place était autrefois le rendez-vous des nobles qui venaient là discuter les affaires publiques. Aujourd'hui, c'est un vaste salon où les habitants et les étrangers se réunissent pour converser. Tous les jours, à deux heures, une nuée de pigeons vient s'abattre sur la place et prendre part à la distribution des grains qui leur sont octroyés par la municipalité vénitienne. C'est vers huit heures du soir que la place est le plus animée. Le coup d'œil qu'elle présente au clair de lune est des plus féeriques, les Procuraties, l'église Saint-Marc, le Palais des Doges, la Piazzetta et les Lagunes lui font un encadrement merveilleux.

Le **Palais des Doges** a été cinq fois détruit et cinq fois reconstruit. C'est le Capitole de l'aristocratie de Venise. L'édifice actuel, commencé en 1350, a été terminé en 1442. Il est entouré à l'ouest et au sud d'une double colonnade qui lui donne un aspect grandiose. Sur une première galerie de fûts robustes repose un second rang de colonnes formant une galerie dans le style arabe, galerie trilobée, à jour, d'une légèreté qui n'en contraste que plus gracieusement avec la masse énorme et pleine qu'elle doit soutenir. L'angle de cet étonnant édifice, sur la Riva, supporté par un seul pilier plus fort que les autres, est d'une hardiesse élégante qu'admirent tous les architectes modernes.

La galerie en haut, LA LOGGIA, a, entre autres, deux colonnes de marbre rouge, la neuvième et la dixième en partant du portail principal, entre lesquelles la République faisait proclamer ses sentences de mort. Plus de 40,000 fr. sont dépensés tous les ans pour la restauration du Palais Ducal.

Le couronnement des doges avait lieu sur l'Es-CALIER DES GÉANTS, ainsi nommé des statues colossales de Mars et de Neptune qui le décorent.

La SALLE DU GRAND CONSEIL servait de lieu de réunion à l'assemblée souveraine de la République, composée de nobles inscrits sur le Livre d'Or. Le dictateur Manin y convoqua la Chambre des Députés en 1848 et 1849. Sur les murs sont fixés vingt et un grands tableaux du Bassan, de Paul Véronèse, du Tintoret, etc., retraçant les victoires remportées par la République. Le mur de l'est étale le plus grand tableau à l'huile du monde entier, *le Paradis*, du Tintoret (25^m 67 de largeur sur 7^m 80).

Nous renvoyons aux catalogues spéciaux pour la nomenclature des tableaux, et surtout à la description qu'en a faite M. J. du Pays.

La BIBLIOTHÈQUE DE SAINT-MARC, fondée par le cardinal Bessarion, compte 120,000 volumes et 10,000 manuscrits. Parmi les principales curiosités bibliographiques, M. du Pays signale : la Version des Septante et un Evangéliaire du IXe siècle; un fragment de l'Ancien Testament du VIIIe siècle; un Psautier du Xe siècle; le testament de Marco Polo (1323); le Bréviaire du cardinal Grimani, avec des miniatures séraphiques de Memling.

Salle du Conseil des Dix. — Le plafond est peint par Véronèse.

ACADÉMIE DES BEAUX-ARTS. — Les galeries renferment presque exclusivement des tableaux de maîtres vénitiens. On y trouve des compositions de Bellini et particulièrement *le Souper d'Emmaüs*. L'Académie possède le chef-d'œuvre du Titien, *l'Assomption*; *le Miracle de saint Marc*, du Tintoret, et *le Repas dans la maison de Lévi*, de P. Véronèse.

Pont des Soupirs. — Les romanciers ont fait à ce pont une très mauvaise et très injuste réputation : « S'il y a quelque chose d'horrible dans ce monument, dit avec raison M. Selvatico, c'est sa décoration extérieure, la plus barbare qu'on puisse voir. »

Quai des Esclavons (*Riva degli Schiavoni*). — C'est une promenade qu'anime le va-et-vient des matelots de toutes les nations. Le quai des Esclavons est, en outre, le rendez-vous des touristes; de nombreux cafés font face au canal.

Arsenal. — Après avoir abrité 16,000 ouvriers au temps de la prospérité de la République, l'arsenal ne donne plus de travail qu'à 2,000. La porte d'entrée est défendue par quatre magnifiques lions rapportés d'Athènes en 1687. Bœdeker croit que le lion de gauche provient du champ de bataille de Marathon.

Dans l'intérieur de l'arsenal on remarque l'armure d'Henri IV donnée par ce roi à la République; des étendards de Lépante, le casque d'Attila et des restes du Bucentaure, vaisseau du haut duquel, le jour de l'Assomption, les doges jetaient l'anneau nuptial dans les flots de l'Adriatique.

Les Prisons des Plombs, auxquelles le récit de Silvio Pellico a donné une notoriété européenne, se composaient de cellules placées sous une toiture recouverte de plomb. Silvio Pellico n'y a jamais été détenu; il avait été incarcéré dans les chambres d'un bâtiment couvert en tuiles donnant sur les coupoles de Saint-Marc.

Le **Grand Canal** (*Canal grande, Canalezzo*). — C'est la principale artère de Venise; il est l'équivalent des grands boulevards de Paris, du Corso de Rome et du Prater de Vienne.

Long de 3 kilomètres et large de 30 à 60 mètres le Grand Canal traverse la ville du sud-est au nord-est. A toute heure de la journée, des milliers de barques le sillonnent et se tiennent à la disposition des touristes. Il faut au moins consacrer une heure à cette promenade, bien que 15 minutes suffisent. Sur les bords, les plus magnifiques palais appellent l'attention des promeneurs. On en compte plus de 150; la forme architectonique qui domine, c'est l'ogive.

Parmi les palais les plus somptueux, les gondoliers ne manquent jamais de montrer le palais Loredan, où le maréchal Marmont est mort; le palais Cavalli, propriété de M. le comte de Chambord; le palais Giustiniani Lorin, à la duchesse de Parme; le palais Mocenigo, habité autrefois par lord Byron; le palais Benzoni, où a séjourné M. le comte de Chambord; le palais Vendramin Calergi, habité autrefois par la duchesse de Berry, propriété du comte de Chambord.

Les **Archives** de la République sont conservées dans 380 chambres et forment 14 millions de volumes, depuis l'année 883 jusqu'à nos jours.

Le **Lido**, aux environs de Venise, est une longue digue de sable, où, dans la belle saison, on va prendre les bains de mer; il sert aussi d'emplacement aux fêtes populaires.

Le Couvent des Arméniens est habité par des religieux Meckitaristes, ainsi nommés d'après leur fondateur Meckitar. Les Meckitaristes traduisent, éditent, impriment des livres orientaux. En 1870, le Père abbé avait passé dans le camp des vieux-catholiques; en 1878, son successeur fit un acte d'adhésion des plus explicites aux décrets du Concile du Vatican.

PADOUE

Le débarcadère est au nord de la ville. En sortant de la gare, on peut suivre l'itinéraire suivant : entrer par la porte Codalunga, marcher devant soi, puis prendre à gauche, en passant devant l'église *I Carmini*, au pont Molino, dans la strada Maggiore, se diriger vers la place *dell' Unita d'Italia*, passer devant le palais *della Ragione*, et le palais del *Capitanio*, et tournant à gauche, aller à la cathédrale, d'où l'on devra se diriger vers la place Prato della Valle ; visiter les églises Santa Giustina et Saint-Antoine. De là, traversant Padoue dans toute sa longueur, visiter l'église des Eremitani.

Voitures. — On les appelle « broughams » à Padoue. De ou pour la gare, 1 fr. (colis 40 cent.). Une course dans la ville, 50 cent.) La nuit, 25 cent. en sus.

Hôtels. — Fanti; Stella d'Oro (chambre, de 3 à 4 fr.; repas, 1 fr. 50, 3 et 4 fr.); — Aquila d'Oro, près de Saint-Antoine; — Croce d'Oro, piazza Cavour; — Albergo al Paradiso; — Due Croci Bianche, près de Saint-Antoine.

Cafés. — Pedrocchi; — Vittoria; — Posta; — Gaggian ; — brasserie-restaurant (birraria-trattoria) Gasparotto.

Édifices.

Padoue possède 66,000 habitants. C'est une ville tranquille; toutes les maisons ont des jardins; les rues sont mal alignées et mal pavées; plusieurs sont bordées d'arcades. Une vaste enceinte bastionnée et percée de sept portes la circonscrit. Une grande fête a lieu le 13 juin à Padoue, jour de la Saint-Antoine.

SAINT-ANTOINE. — La basilique dédiée à saint Antoine de Padoue est tout simplement appelée par le peuple *il Santo*.

Saint Antoine (né à Lisbonne en 1195) prêcha. en France, en Italie, en Portugal, et poussa si loin l'ardeur apostolique que, comme saint François son maître, il prêchait jusqu'aux poissons. Commencée en 1256, sur les plans de Nicolas Pisano, la basilique qui lui est dédiée fut terminée en 1475. C'est un édifice colossal en forme de croix, long de 115 mètres et large de 55 mètres. Sept coupoles le dominent. La coupole centrale est conique. Deux campaniles, légers comme des minarets, s'élèvent sur chaque flanc. A l'intérieur, deux chapelles sont surtout dignes d'une visite attentive: ce sont les chapelles de Saint-Antoine et de Saint-Félix.

Dans la chapelle du Saint (transept de gauche), neuf hauts-reliefs du XVIᵉ siècle, en marbre de Carrare, représentent sur les murs les miracles de saint Antoine.

L'autel, orné de nombreux tableaux votifs, renferme les reliques du compagnon de saint François d'Assise. Les fidèles vont faire leurs prières derrière l'autel en touchant la plaque de marbre qui recouvre le tombeau.

La chapelle Saint-Félix a de très belles fresques, de Jacopo Avanzi et d'Altichieri (1356-1379).

Dans le chœur, le portrait en pied de saint Antoine passe pour le plus exact qui existe. Les bas-reliefs de l'autel sont de Donatello.

A l'un des piliers de la nef centrale : monument d'Alexandre Contarini, général de la République de Venise. Vis-à-vis le deuxième pilier de droite : monument du cardinal Bembo ; quatrième pilier à gauche : monument de l'amiral Jérôme Michael.

Le trésor de l'église possède la langue de saint Antoine.

SCUOLA DEL SANTO *(Ecole du Saint)*. — Chapelle destinée aux cérémonies de la confrérie de Saint-Antoine. Belles fresques représentant les miracles du Saint.

SANTA MARIA DEL ARENA. — Cet édifice est couvert de magnifiques fresques de Giotto ; c'est l'un des plus précieux monuments de l'art italien. Giotto ne peut être bien connu que si on l'étudie ici et à l'église Saint-François d'Assise.

La CHAPELLE SAINT-GEORGES renferme 21 fresques admirables de Jacques d'Avanzi et d'Altichieri.

EREMITANI. — Bâtie en 1264-1276, l'église des ermites de Saint-Augustin n'a qu'une seule nef très longue, sans colonnes ni piliers. Fresques de Mantegna dans la chapelle de droite. Sur l'autel, Madone en terre cuite bronzée de Giovanni de Pisa.

Dans la sacristie, tableau de *Saint Jean-Baptiste dans le désert*, par le Guide.

SAINTE-JUSTINE. — On y voit le sarcophage de saint Luc ; le *Martyre de sainte Justine*, par P. Véronèse ; et de magnifiques stalles sculptées.

Le BAPTISTÈRE offre de remarquables peintures de l'école de Giotto.

A droite du Baptistère, arc de triomphe élevé en l'honneur d'Alvise Valaresso, capitaine de Padoue.

La CATHÉDRALE est peu remarquable. Elle possède un buste de Pétrarque qui fut chanoine de cette cathédrale, et le monument de Sperone, ami de Ronsard et le maître du Tasse.

Le PALAIS DELLA RAGIONE, transformé aujourd'hui en Hôtel de Ville, a été construit par le moine Jean degli Eremitani (1183-1219). La grande salle, située parallèlement à l'Equateur, est longue de 83 mètres, large de 28 mètres et haute de 24 mètres (50 cent. de pourboire). Elle contient un grand cheval de bois, exécuté par Donatello. Tout près, monument de Tite-Live et son prétendu cercueil. Sur les murs, 319 compartiments ornés de peintures allégoriques peu intelligibles représentant l'influence des astres sur les hommes.

A l'extrémité de la salle, « la pierre de l'infamie », sellette de granit noir sur laquelle allait s'asseoir le commerçant qui voulait se déclarer insolvable.

FLORENCE

La *stazione centrale* est ouverte sur la place
dello Ferrovia, derrière l'église San Maria Novella.

Voitures de place. — Voitures à un ou deux
chevaux : dans la ville, c'est-à-dire dans l'enceinte
de l'octroi, la course, le jour, 1 fr.; la nuit
(9 heures à 5 heures), 1 fr. 30. En dehors de la
ville : la première demi-heure, 2 fr.; chaque demi-
heure suivante, 1 fr.

On trouve à l'arrivée des gares les omnibus
des hôtels (1 fr. ou 1 fr. 50), et des fiacres à 1 fr.
Pour une malle, 50 cent.; un sac de nuit, 25 cent.

Tramways. — Départs réguliers de la place du
Dôme et de celle du Palais Vieux, allant aux
différentes portes de la ville, 10 cent. dans la
semaine, et 15 le dimanche; allant aux *Cascine*,
25 cent.

Hôtels. — D'Italia, situé au midi sur le quai
Lung'Arno (chambres, 3 fr. à 6 fr.; repas, 1 fr. 50,
3 fr. 50 et 5 fr.); — de Russie; — Helvetia
(chambres, 3 fr.; repas, 1 fr. 25, 3 fr. et 4 fr. 50);
— San Marco (chambres, 2 fr.; repas, 1 fr. 50 et
2 fr. 50); — de Bologne (chambre, 1 fr. 50; repas,
2 fr. et 3 fr.); — Grand Hôtel de la Paix, place
Manin (chambres à 3 fr. 50 et 4 fr.; repas, comme
précédemment, y compris service et bougie); —
de l'Univers, corso Vittorio Emanuele (vers les
Cascines); — della Nuova York (ancien palais
Ricasoli), près du pont Alla Carraja; — Gran

Brettagna; — Pension Suisse (vis-à-vis du palais Strozzi); — du Lion Blanc, via Vigna Nuova; — Bonciani, via Panzani, 29 (pension, 7 fr.); — Hôtel et grand Restaurant de la Ville de Paris, via della Spada et Vigna Nuova; — Washington.

Appartements meublés. — On trouve des chambres garnies sur le Lung'Arno, les places de la Cathédrale, Sainte-Marie-Nouvelle, rue des Cerretani, place du Dôme, place de l'Indépendance, Casa Nardini, Borgo San Apostoli, 13 (hôtel d'artistes).

Un appartement meublé coûte, en été, de 40 à 50 fr., et de 50 à 60 fr. en hiver; service, 5 fr.

Préférer la rive droite de l'Arno.

Restaurants. — Doney, via Tornabuoni, 16; — della Patria; — della Stella d'Italia, tous deux rue dei Calzajoli; — Capitani; — Restaurant Français, à l'hôtel Cavour; — Porta Rossa; — Giotto, etc.

Prix ordinaires : dîner à la carte, 2 à 4 fr., y compris le pain et le vin.

Cafés. — Doney, rue Tornabuoni, 16; fréquenté par les étrangers; — Cornelio, jardin Orlandini, place de Boni; — Gilli et Letta, place de la Signoria.

Tasse de café, 15 à 20 cent. On déjeune le matin à la fourchette : bifteck, 75 cent. à 1 fr., etc.

CABINET LITTÉRAIRE DE VIEUSSEUX (fondé en 1820). — Ouvert au public tous les jours de 8 heures du matin à 10 heures du soir. On y trouve, outre la bibliothèque, tous les journaux français, italiens, espagnols, allemands et russes. Une séance, 50 cent.; une semaine, 3 fr.; un mois, 7 fr.; trois mois, 14 fr.

Libraires. — Bocca, via Cerretani; — Paggi, via del Proconsulo; — Loescher, via Tornabuoni, etc., etc.

Changeurs. — Via Calzajoli, 9; — via Borgognissanti, 15.

Édifices.

Florence comptait 90,000 habitants au xvᵉ siècle, 112,000 en 1850, et aujourd'hui elle en compte 191,000. Florence, « la fleur de l'Italie, est au fond » d'une corbeille qu'entourent les Apennins et » qu'arrose l'Arno » (1). Au milieu de la ville se dresse la coupole de Sainte-Marie des Fleurs.

Le Dôme. — Cathédrale de Florence, Sainte-Marie des Fleurs occupe une partie de l'emplacement sur lequel s'élevait autrefois l'église consacrée à sainte Reparata. C'est un des spécimens les plus importants du style gothique italien. La coupole, œuvre de Brunelleschi, est un chef-d'œuvre de construction : elle a servi de modèle à Michel-Ange pour Saint-Pierre de Rome. L'extérieur du Dôme est revêtu de mosaïques de marbres de toutes couleurs, à l'exception du portail, laissé dans un état provisoire qui dure depuis trois siècles.

L'intérieur de Sainte-Marie des Fleurs est un peu nu ; l'aspect est généralement sombre et sévère.

Derrière le maître-autel se trouve un groupe inachevé de Michel-Ange, *le Christ au tombeau.*

Au milieu de l'abside, on remarque une méridienne tracée par le savant Toscanelli, correspondant scientifique de Christophe Colomb.

Le **Campanile**, de forme carrée, est une merveilleuse création de Giotto (1334). Chanté par les poètes, admiré par Charles-Quint, qui aurait voulu qu'on l'enfermât dans un écrin, objet du

(1) Nous empruntons cette définition si juste au charmant livre intitulé : « *Souvenirs de France et d'Italie* », par Mᵍʳ Deschamps du Manoir.

culte des Florentins, c'est le plus aérien, le plus svelte des clochers,

Le Campanile est orné de 54 bas-reliefs et de 16 statues. Les bas-reliefs représentent le développement du genre humain, depuis la création jusqu'à l'épanouissement des sciences en Grèce. 463 marches conduisent à la galerie supérieure, d'où 57 échelons permettent de grimper jusqu'au sommet de l'édifice (1 fr. de pourboire au gardien).

Santa Croce. — Ancienne église des Franciscains, ce vaste édifice (longueur 116^m, largeur 38^{m}45), nu, sombre, austère, éclairé par de superbes vitraux gothiques, rempli d'illustres tombeaux, a été, dit Veléry, appelé à juste titre le Panthéon de Florence, et certes, on ne vit jamais si bonne compagnie de morts. C'est là que reposent Galilée, Michel-Ange et Machiavel. Le cénotaphe du Dante est là aussi, mais médiocre et banal. Citons également le monument que la comtesse d'Albany fit élever par Canova à Alfieri, avec la statue colossale de l'Italie pleurant son poète ; monument que Lamartine appelle « le mausolée académique d'une poésie de convention ».

Le Cloitre referme une statue de Dieu le Père, par Bandinelli. A droite, la Chapelle des Pazzi, et une grande *Cène* de Vasari ; à gauche, le second cloître a été construit par Brunelleschi. Presque vis-à-vis, l'ancien réfectoire est décoré d'une *Cène* attribuée à Giotto. *Le Crucifiement*, avec l'arbre généalogique des Franciscains et *la Légende de saint François*, sont dus à des élèves de Giotto. Là siégeait le Tribunal de l'Inquisition.

San Lorenzo. — Les ornements de l'intérieur de la grande porte sont de Michel-Ange. Les bas-reliefs en bronze des deux chaires sont de Donatello.

La Sacristie nouvelle (visible seulement de 9 heures à midi et de 3 heures à 5 heures) est sans contredit un des plus beaux sanctuaires de l'art italien. Là sont les fameuses statues de Michel-Ange érigées sur les ordres du pape Clément VII, celles de Laurent et de Julien de Médicis ; celles du Jour et de la Nuit, de l'Aurore et du Crépuscule. La statue de la Nuit est surtout admirée. Vis-à-vis de l'autel du milieu, est placé le dernier travail de Michel-Ange : une Vierge Mère.

La CHAPELLE DES PRINCES, sépulture des grands-ducs de la maison de Médicis, renferme de très belles fresques de Benvenuti. Six sarcophages, dont quelques-uns surmontés de statues, contiennent les restes des Médicis depuis Côme Ier jusqu'à Côme II.

La BIBLIOTHÈQUE SAINT-LAURENT, bâtie sur les plans de Michel-Ange, a des fenêtres garnies de vitraux peints d'après les cartons de Jean d'Udine, élève de Raphaël. Le nombre des manuscrits est de 8,000 parmi lesquels une bible de saint Grégoire le Grand, un Virgile du IVe siècle, deux Tacite du Xe et du XIe siècle, les Canzoni de Pétrarque avec son portrait et celui de Laure ; les satires de Juvénal, avec des enluminures, etc.

San Marco. — Eglise du XIIIe siècle. A l'intérieur, *Christ en croix*, de Giotto ; tombeau de Pic de la Mirandole et d'Ange.

COUVENT SAINT-MARC. — Ancien couvent des Dominicains, il contenait une grande quantité d'ouvrages de Fra Angelico ; plusieurs ont été enlevés ou ont péri.

Le CLOITRE est transformé aujourd'hui en musée (ouvert tous les jours de 10 à 4 heures. Pourboire 1 fr.). *Dans la salle du chapitre* grande fresque de Fra Angelico. On admire surtout *l'Annonciation* à l'entrée du corridor, et dans une cellule, un *Couronnement de la Vierge*, chef-d'œuvre dans lequel Fra Angelico a réussi à donner à ses teintes « une sorte d'immatérialité qui s'harmonise merveilleusement avec la nature toute mystique du sujet et qui ne se retrouve à ce même degré dans aucune de ses peintures » (Rio).

L'**Académie della Crusca** tient ses séances dans le couvent de Saint-Marc.

Santa Maria Novella. — Ancien couvent des Dominicains. Admirable cloître. Le vieux cloître (*il Chiostro vecchio*) est décoré de fresques d'Orcagna et d'Uccello. Là se trouve la chapelle degli Spagnuoli, couverte de fresques de Taddeo Gaddi et de Simone di Martino. Sur le mur à l'est, l'Eglise militante et triomphante, l'empereur et le pape sur un trône entouré de Cimabué, Giotto, Pétrarque, Laure, Boccace. A gauche, saint Thomas d'Aquin en chaire.

La chapelle Strozzi est ornée de fresques d'Orcagna.

La *pharmacie* de l'ancien couvent (spezeria, 50 cent. au domestique) est célèbre par les parfums qu'on y préparait et surtout par la liqueur appelée l'Alkermès. Elle a été enlevée aux Dominicains et louée à des entrepreneurs.

Le *Récit d'une sœur* a rendu célèbre une des tribunes du chevet de Santa Maria Novella, la première à droite du cœur. Dans l'espace retiré et recueilli, entre l'autel et le mur, en 1832, Albert de la Ferronnays prit des résolutions généreuses, auxquelles il resta fidèle, malgré sa jeunesse.

SANT' ANNUNZIATA. — Construite en l'an 1250, ancienne église des Servites. Beau péristyle. Au dessus de la porte du milieu, *l'Annonciation*, mosaïque de David del Ghirlandajo.

Dans la première chapelle de la nef principale, est *l'Assomption de la sainte Vierge*, du Pérugin; dans la cinquième, *la Vierge avec ses saints*, du même. La chapelle à gauche de l'entrée, décorée de bas-reliefs, renferme derrière l'autel une image miraculeuse de la sainte Vierge (fresque du XIIIe siècle) qui est l'objet d'une vénération générale. 40 lampes y brûlent en l'honneur de *Maria Santissima*. Au dessus de la porte du cloître, fresque d'Andrea del Sarto : *la Madone du Sac.*

BAPTISTÈRE. — Fondé sur les ruines d'un ancien temple païen; remonte au VIᵉ siècle; imposant revêtement de marbre à l'extérieur. Le Baptistère est surtout célèbre par ses trois portes de bronze. La plus ancienne, celle du sud, est d'André Pisano; les ornements sont de Ghiberti; la seconde et la troisième sont de Ghiberti. Les sculptures sont de véritables merveilles artistiques.

En face du Baptistère, visiter l'oratoire BIGALLO où l'on remarque trois statues d'Albert di Arnoldo.

Les autres églises de Florence sont les églises SANTO SPIRITO, fresques du Pérugin; DEL CARMINE, fresques de Masaccio; SANTA TRINITA, fresques de Ghirlandajo; OGNISSANTI, fresques de Giotto, etc.

Le centre de Florence et la PIAZZA DELLA SIGNORIA, où Savonarole et deux dominicains furent brûlés le 23 mai 1498. Sur cette place s'élève :

Le PALAIS VIEUX, bâti en 1258. La grande salle a servi de 1865 à 1870 aux séances du Parlement italien. Dans la salle de Gigli, fresques de Ridolfo Ghirlandajo. Anciens appartements des Médicis. Dans la chapelle San Bernardo, crucifix de Jean de Bologne.

La LOGGIA DEI LANZI possède *l'Enlèvement des Sabines*, de J. de Bologne, le *Persée* de Benvenuto Cellini, etc.

Entre le Palais Vieux et la Loggia dei Lanzi, s'élève :

Le PORTIQUE DES OFFICES qui s'étend de la place de la Seigneurie à l'Arno. 28 statues de Toscans célèbres le décorent. Un escalier de 126 marches conduit de ce portique à

La GALERIE DES OFFICES. (*Galleria degli Uffizi*) (ouvert tous les jours de 9 heures à 3 heures : 1 fr. d'entrée; jeudi et dimanche entrée gratuite).

Il est absolument impossible de décrire toutes les richesses de la Galerie des Offices. Nous renvoyons le lecteur aux nomenclatures de MM. du Pays et Bœdeker. Outre plusieurs tableau de Fra Angelico, Filippo Lippi, Léonard de Vinci, Salvator Rosa, Paul Véronèse, la galerie possède des statues que tout le monde connaît; la Niobé, l'Hermaphrodite, la Vénus de Médicis, les Lutteurs, etc.

La TRIBUNE renferme une collection hors ligne de chefs-d'œuvre de la statuaire antique et de la peinture moderne : parmi les tableaux, *la Vierge au chardonneret*, de Raphaël; *la Fornarina, la Vénus* du Titien; *la Vierge avec saint Jean et saint François*, d'Andréa del Sarto ; *la Sainte Famille*, de Véronèse; *le Repas pendant la fuite en Egypte*, du Corrège, etc., etc. Ces galeries sont reliées à celles du

PALAIS PITTI par un corridor tendu de tapisseries des Gobelins. La galerie Pitti est d'une incomparable richesse. Signalons seulement *la Pieta* du Pérugin, *l'Annonciation, la Pieta* d'Andrea del Sarto, une douzaine d'œuvres de Raphaël parmi lesquelles *la Vierge à la chaise, la Vierge au baldaquin, la Vierge dell' Impannata, la Vierge au grand-duc,*

Citons aussi une *Sainte Agathe*, de Sébastiano del Piombino, une *Sainte Madeleine* du Titien; deux paysages de Rubens; le portrait de Philippe IV, par Velasquez; *le Repas en Egypte*, par Van Dyck.

Le palais Pitti a servi de résidence aux ducs à partir du XVIᵉ siècle. Il est maintenant habité par le roi d'Italie lorsqu'il séjourne à Florence.

Le JARDIN BOBOLI présende de séduisantes perspectives, particulièrement sur le Palais Vieux et le Campanile. Les jours de fête, une foule joyeuse anime les avenues et les terrasses, décorées de statues. A une heure de Florence se trouve ;

Le Prato. — Petite ville de 4,000 âmes où l'on voit le tombeau de sainte Catherine de Ricci. Le corps de la sainte est conservé dans une châsse d'argent, placée sur le maître autel. La figure est noire, mais, dit Mᵍʳ du Manoir qui l'a vue, « bien conservée ». Les pieds n'ont plus que les os. Elle porte un diadème en forme de tiare, et un manteau de drap d'argent.

Vallombreuse. — Pour s'y rendre, il faut prendre la ligne d'Arezzo. On va jusqu'à Pontassieve, en 55 minutes (2 fr. 15, et 1 fr. 50). De là on se rend à l'abbaye fondée en 1050 par saint Jean Gualbert, et aujourd'hui transformée en école forestière. De Vallombreuse on peut se rendre aux

Camaldules, abbaye fondée vers l'an 1000 par saint Romuald. Environs sauvages et pittoresques.

Les Cascines. — C'est le bois de Boulogne de Florence. Le parc est magnifique; le monde élégant s'y donne rendez-vous vers le coucher du soleil.

ASSISE

Assise est à 24 kilomètres de Pérouse (*Perugia*). On fait le trajet en une heure. Avant de gravir la colline au sommet de laquelle elle est située, le pèlerin devra visiter à quelques minutes de la station l'église *Sainte-Marie des Anges*, ou de la Portioncule, ainsi nommée à cause de sa petitesse.

C'est ici le berceau de l'ordre, et le vrai sanctuaire de saint François d'Assise. Cette chapelle est enfermée tout entière sous la coupole d'un autre église bâtie au xvi⁰ siècle, à demi détruite par le tremblement de terre de 1832, et somptueusement reconstruite par Grégoire XVI. La Porziuncula elle-même a été épargnée par cette secousse ; elle fut bâtie, s'il en faut croire une antique tradition, par des ermites venus de Terre Sainte, au vi⁰ siècle.

Cette petite église fut de bonne heure le centre d'un pieux concours de fidèles qui s'y réunissaient, selon l'usage italien, le jour anniversaire de sa dédicace. Mais au xiv⁰ siècle, la Porziuncula devient le lieu de pèlerinage par excellence de toute l'Italie ; on y accourt même d'au delà des Alpes, car une indulgence spéciale est, comme on le sait, attachée à cette église. Nos lecteurs nous sauront gré sans doute de reproduire à ce sujet le récit des *Petites Fleurs de saint François*.

Saint François, dans une nuit de janvier, était seul en prière. Le diable lui apparut : « Tu es jeune, tu as le temps de te repentir ; pourquoi

te tuer dès maintenant de veilles et de prières ? »
Pour toute réponse, le saint se dépouille de ses
vêtements, et pour connaître quelque chose des
souffrances de son Maître, il se jette au plus épais
d'un buisson d'épines. Les épines arrosées de
sang fleurissent et se transforment en touffes de
roses blanches et rouges. Alors François entend
la voix des Anges qui lui ordonnent de se rendre
dans la Porziuncula, auprès du Christ et de sa
Mère. Il dépose sur l'autel les fleurs merveilleuses
qu'il reçoit de la main des anges, et, prosterné,
il entend le Sauveur lui dire : « François, demande
ce que tu voudras pour le salut du monde, car tu
as été donné pour être la lumière des peuples, et
le restaurateur de l'Eglise. — Mon Père, répond
François, je te demande, moi qui suis un pauvre
pécheur, cette grâce pour l'humanité, c'est que
tous ceux qui entreront ici obtiennent un plein
pardon de tous les péchés qu'ils auront pleurés
et confessés. » Le Christ hésitait ; mais la Reine
du ciel intercède. Alors, le Seigneur : « Tu
demandes beaucoup, François ; cependant tu es
digne de plus encore, et ta prière est exaucée. »
Le saint demande alors comment la grâce
qu'il vient d'obtenir sera promulguée parmi les
hommes. Jésus l'envoie à Rome, auprès de son
Vicaire, et lui recommande de porter avec lui,
comme un témoignage, et en l'honneur de la
Trinité, trois des miraculeuses roses d'hiver qui
venaient de fleurir.
Honorius III accueille la supplique, mais la
restreint à une indulgence d'une ou plusieurs
années, ce qui ne répond pas au désir de François. Le saint insiste : « François, dit le Pape, tu
demandes une chose qui est tout à fait contraire
à la pratique habituelle du Saint-Siège. — Saint
Père, reprit François, je ne le demande pas en
mon nom, mais au nom de Jésus-Christ qui m'a
envoyé. » Alors le Pape, obéissant à une inspi-
ration soudaine, se prête au désir du saint en

s'écriant trois fois : « Qu'il soit fait selon sa volonté ! »

La concession du Pape déplut aux cardinaux. Le Pape ne revint pas sur la faveur qu'il avait accordée ; toutefois il la restreignit en ajoutant que cette indulgence serait en effet plénière, mais qu'elle ne pourrait être gagnée qu'un seul jour de l'année, c'est-à-dire des vêpres du 1er août jusqu'aux vêpres du 2. A ces mots, saint François inclina humblement la tête et voulut s'éloigner ; mais le Pape le retint en lui disant : « Homme simple, où vas-tu ? et quelle garantie as-tu de ce que je viens d'accorder ! » François répliqua : « Votre parole, Saint-Père, me suffit. Si cette indulgence est une œuvre de Dieu, il saura la promulguer lui-même. Que Jésus-Christ soit le notaire, que la sainte Vierge rédige l'acte, que les anges en soient les témoins ; je ne demande pas d'autre document. »

Au dessus de l'arcade d'entrée de la chambre du saint, est une fresque d'Overbeck, représentant la vision de saint François en 1221, et la Vierge et un chœur d'anges.

Plus loin à droite, se trouve la cellule où le patriarche d'Assise mourut, le 4 octobre 1226. Sur les murs, on distingue des fresques du Spagna, représentant les compagnons du saint.

Un beau chemin conduit de Sainte-Marie des Anges à Assise ; il ne faut pas plus de 45 minutes pour cette petite excusion.

Hôtels. — Nuovo Albergo del Subasio, près du couvent de Saint-François (chambre 2 fr. 50; 1er déjeuner, 1 fr.; 2° déjeuner, 2 fr. 50; dîner, 3 fr. 50); — Albergo del Leone, place del Vescovado ; — Minerva, à la porte San Pietro.

Édifices.

Assise est une cité épiscopale de 4,500 âmes.

En entrant dans la ville, on se dirige à gauche vers le Couvent (*il Sagro Convento*). C'est une immense construction du xiiie siècle; le couvent n'a de curieux au point de vue artistique que les fresques du réfectoire, et les anciennes stalles de l'eglise haute. Il est sécularisé depuis 1866; le gouvernement y a installé une maison d'éducation pour les enfants d'instituteurs.

San Francisco. — L'église est beaucoup plus importante. Elle se compose de deux édifices de même étendue, élevés l'un sur l'autre au dessus du tombeau de saint François.

Un mot d'abord sur la Crypte. Creusée dans le roc et continuellement éclairée, elle contient le tombeau du saint. — Chose étrange! C'est son premier successeur dans le gouvernement de l'Ordre qui a fait construire cette magnifique église, précisément pour abriter les restes mortels du Patriarche; et à peine venaient-ils d'y être déposés avec solennité, que la place où ils reposent devient un mystère, et pendant des siècles est l'objet des controverses les plus vives. Ce n'est qu'après plus de cinq siècles, en 1818, que les recherches du général des Franciscains firent découvrir les ossements de saint François, dans un cercueil de pierre, sous le maître-autel.

L'Eglise inférieure, située au dessus de la crypte est livrée au culte, et est toujours ouverte. Sa physionomie austère invite à la pénitence. Elle fut construite en quatre ans, de 1228 à 1232.

Sur la voûte du maître-autel, Giotto a peint les figures allégoriques de la Pauvreté, de la Chasteté et de l'Obéissance, symbolisant ainsi les trois vœux monastiques.

Dans la grande nef, à droite, la chapelle Saint-Louis a sur l'autel un bon tableau du Spagna. Les fresques des murs sont d'Adone Doni.

Dans la chapelle de Sainte-Madeleine, Buffalmaco a peint la résurrection d'un enfant de la famille Spini. Scène d'une simplicité saisissante.

Dans le transept de gauche, traits de la vie du Christ et de saint François, par Puccio Capanna.

L'Eglise supérieure. — On y célèbre rarement la messe. Le gouvernemeut a l'intention d'y établir une galerie de tableaux.

Elle contient des fresques attribuées par quelques écrivains à Cimabue et à Giotto, et par d'autres, à Giunta de Pise.

Au transept, *Crucifiement de saint Pierre.* Dans le bas de la nef, 28 fresques relatives à la vie de saint François.

La Cathédrale date du XIIe siècle. Elle a une crypte de 1028. Au transept, peintures d'Adone Doni.

Sainte-Claire (*Santa Chiara*). — Eglise fondée par sainte Claire qui, voulant suivre la règle de Saint-François, abandonna sa famille, et créa l'ordre des Clarisses.

On voit le tombeau de cette sainte dans la crypte. Dans une chapelle à droite, fresques attribuées à Giotto.

Chiesa nuova. — On y montre encore la salle où saint François fut enfermé par son père.

Derrière Assise, le mont Subasio renferme dans une de ses anfractuosités le sanctuaire *delle Carceri*, où saint François se retirait pour prier.

La fête principale d'Assise dure du 21 juillet au 1er août, et attire des fidèles du monde entier. Celle de saint François se célèbre le 4 octobre.

ANCONE

La gare est à 20 minutes du centre de la ville. De là, la rue du Corso Vittorio Emanuele, perpendiculaire au port, monte à la place Cavour, au centre du quartier nouveau.

Voitures. — Voitures à 1 cheval, entre la gare et la ville, 1 fr. ; la nuit, 1 fr. 50. Voit. à 2 chevaux, 1 fr. 50. Omnibus de la gare à la ville, 35 cent.

Hôtels. — Vittoria, corso Vittorio Emanuele, (chambre, 2 fr. 50 ; dîner, 5 fr.) ; — Milano, corso di Porta Pia ; — la Pace (chambre, 2 fr. 25 ; dîner, 4 fr.) ;

Restaurants. — Café del Commercio ; — Dorico ; — del Corso ; — Leon d'Oro.

Édifices.

Ancône compte 56,000, et avec la banlieue 35,000 habitants, dont 6,000 juifs habitant un quartier séparé, *le Ghetto*, où ils font un commerce actif.

CATHÉDRALE. — Consacrée à saint Cyriaque, premier évêque d'Ancône, elle s'élève sur une hauteur qui domine le port et à laquelle on se rend par des rues sales et étroites. Les archéologues italiens considèrent la coupole de la cathédrale d'Ancône comme la plus ancienne peut-être de la Péninsule. Le style est un mélange du style lombard et oriental.

Dans la crypte sont les sarcophages du préteur Titus Gorgonius, de saint Cyriaque, de saint Marcellin et de saint Liberius.

CITADELLE. — Elle commande la ville et le port. De 1832 à 1838, elle fut occupée par les Français, pour observer les Autrichiens qui occupaient Bologne et les Marches. Quand la ville se souleva en 1849, elle fut prise par les Autrichiens le 18 juin. Le 29 septembre 1860, elle tombait au pouvoir de Victor-Emmanuel.

ARC DE TRIOMPHE. — Sur les quais s'élève l'arc de triomphe érigé, en 112 après J.-C. par le sénat à l'empereur Trajan, pour le remercier de la fondation du nouveau môle. C'est un des arcs romains que le temps a le moins attaqués. On y monte par un escalier de 24 marches.

Un autre arc de triomphe est placé sur le môle. Il a été érigé en l'honneur du pape Clément XII, qui avait commencé le môle et le lazaret. A 25 kilomètres d'Ancône, on trouve Sinigaglia, patrie de S. S. Pie IX.

LORETTE

Avant d'arriver à Lorette, on aperçoit à droite Castelfidardo, où Lamoricière et les zouaves pontificaux livrèrent bataille aux troupes piémontaises commandées par Cialdini, le 18 septembre 1860. Le chemin de fer passe entre des collines couvertes d'une luxuriante végétation.

Voitures. — Des voitures conduisent pour 60 c. de la gare à la ville. Le trajet dure de 20 à 25 minutes: on parcourt une route à pente douce, bordée de maisons et de jardins.

Hôtels. — Campana; — Posta; — Due Gemelli (recommandé); — Pace.

Edifices.

Lorette compte à peu près 6,000 habitants. Elle est située comme Assise au sommet d'une éminence, d'où l'on aperçoit la mer et les Apennins. La large rue qui la traverse est le centre d'un commerce très actif de médailles, chapelets et autres objets de piété.

La SANTA CASA. — Avant de passer à la description de la Santa Casa, nous croyons devoir en rappeler l'histoire :

Primitivement découverte à Nazareth par l'impératrice Hélène, mère de Constantin, la *Santa*

Casa avait déjà été, à Nazareth même, recouverte d'un temple. Après l'invasion des Sarrasins, la basilique menaçant ruine, et les infidèles s'étant plus tard rendu maîtres de Ptolémaïs, des anges transportèrent, en 1291, la *Santa Casa* sur une colline de la Dalmatie, entre les villes de Tersato et de Fiume. Cette apparition merveilleuse fut révélée à l'évêque Alexandre, de Tersato, dans une vision, par la Mère de Dieu elle-même, et, comme preuve de la vérité de la vision, l'évêque malade fut subitement guéri. On envoya à Nazareth une députation spéciale, qui trouva les dimensions de la place où devait avoir été la maison de la Vierge sainte parfaitement en rapport avec celles du sanctuaire nouvellement déposé en Dalmatie. Au bout de trois ans et sept mois, la *Santa Casa* fut, dans la nuit du 10 décembre 1294, transportée au delà de l'Adriatique, dans la marche d'Ancône, et déposée non loin de la ville de Recanati, dans un bois de lauriers qui appartenait à une pieuse et riche matrone nommée *Laurette*, d'où vint plus tard le nom de maison de Laurette ou Lorette.

A l'arrivée de la sainte Maison les arbres s'inclinèrent respectueusement, et les traces de cette vénération de la nature émue subsistèrent longtemps. Des bergers, qui gardaient leurs troupeaux pendant la nuit, furent les premiers témoins du prodige, et bientôt Recanati et tous les environs purent s'en convaincre. Comme il s'opérait de nombreux miracles près de la sainte Maison, et que le nombre des pèlerins augmentait chaque jour, des brigands profitèrent de l'affluence des fidèles pour les dépouiller et rendirent le pèlerinage peu sûr.

Au bout de huit mois, la sainte Maison s'éleva de nouveau dans les airs et alla se fixer sur une colline voisine. Les propriétaires du domaine, qui étaient deux frères, entrèrent en discussion au sujet des offrandes; le sanctuaire remonta de nouveau dans les airs au bout de deux mois, et s'arrêta au lieu où il est demeuré depuis lors. Une seconde députation envoyée en Dalmatie et à Nazareth revint avec les mêmes résultats que la première.

Le pape Paul II accorda des indulgences aux visiteurs de Notre-Dame de Lorette, et construisit, avec les riches offrandes dues à l'immense concours de pèlerins du monde entier, la magnifique église qui entoure aujourd'hui Notre-Dame de Lorette. Les papes Sixte IV et Jules II y attachèrent des indulgences: ils exemptèrent l'église de Lorette de la juridiction de l'évêque de Recanati, et à cette occasion Jules II inséra dans sa célèbre bulle l'histoire de Lorette, en ajoutant : *Ut pie creditur et fama est.* Les papes postérieurs, et notamment Sixte V, dont la statue colossale en bronze orne l'entrée de l'église, enrichirent la *Santa Casa* d'une foule de chefs-d'œuvre artistiques, et le pape Innocent XII institua un office et une messe propres, fixés au 10 décembre, en mémoire de la transtation de la sainte Maison.

L'édifice a été restauré plusieurs fois. L'extérieur ressemble à celui d'une forteresse. L'église, située vers la mer, est formée de trois tours, et les bas-côtés de murs lisses sans ouvertures. C'est le voisinage de la mer qui, mettant l'église et ses trésors à la merci des corsaires turcs, a dû faire adopter cette architecture.

Les trois magnifiques portes de bronze ont été exécutées sous le pape Paul V. Le campanile est très élevé. La cloche principale pèse 11.000 kilogrammes.

Les chapelles et les autels sont ornés de copies en mosaïque de *Saint François d'Assise* du Dominiquin, et de *Saint Michel* du Guide. A gauche de l'entrée, sont placés les fonts baptismaux en bronze avec des bas-reliefs et les statues des quatre vertus cardinales.

Au centre de l'église et sur la coupole s'élève la

sainte Maison. A l'extérieur, elle est revêtue de marbre: les bas-reliefs et les sculptures appartiennent à la meilleure époque.

Parmi les bas-reliefs les plus remarquables sont :

Au côté nord : Naissance de la sainte Vierge, par San Savino et Bandicelli.

Au côté est : Arrivée de la Santa Casa à Lorette, par Tribolo: Mort de la sainte Vierge, par Don Aïno.

Au côté sud : Nativité de Notre-Seigneur, par San Savino: David et Goliath, les Sibylles et l'Adoration des Mages.

Au côté ouest : l'Annonciation, admirable production d'Andrea d'a Morte San Savino, « œuvre divine », dit Vasari.

La *Santa Casa*, longue de 9 mètres, large de 4 et haute de 4 mètres 20, est bâtie en briques. Dans une niche est placée la statue de la sainte Vierge, couverte d'or et de pierreries. Elle est en bois de cèdre; on prétend qu'elle a été sculptée par saint Luc. Au dessous est la cheminée de la maison et le plat dans lequel la Mère de Notre-Seigneur mangeait, et où l'on dépose maintenant les objets que l'on veut faire bénir.

Les genoux des pèlerins ont usé le pavé de marbre.

Les offrandes des fidèles grossissent chaque année le trésor de Lorette. On y trouve un grand nombre d'objets précieux, et beaucoup d'ex-voto donnés par des princes. La chapelle du Trésor est ouverte le dimanche jusqu'à 11 heures et demie. Les autres jours, il faut verser un franc pour la visiter.

Lors de la prise de Lorette par les Français, en 1798, la statue de la sainte Vierge fut transportée à Paris, et déposée pendant quelque temps à la Bibliothèque Nationale. Des mains pieuses la restituèrent plus tard à Lorette.

Sur la place de l'église s'élèvent le collège des

Jésuites et le Palais apostolique, où l'on voit des tableaux du Titien, d'Annibal Carrache, de Vouet, du Guerchin, et une collection de majoliques.

En sortant de Lorette, on tourne le dos à la mer Adriatique, et on laisse à droite un aqueduc construit par Paul V, pour alimenter les fontaines de la ville.

ROME

Avant le chemin de fer, le voyageur qui arrivait à Rome se sentait saisi par une émotion indicible, quand le *vetturino*, arrêtant ses chevaux, s'écriait : *Ecco Roma !* En même temps qu'il prononçait ce mot magique, le postillon vous montrait du doigt le dôme de Saint-Pierre, émergeant au dessus des sept collines, et cette muette indication suffisait pour évoquer devant vos yeux l'épopée de la Ville éternelle. Oubliant leurs fatigues, les pèlerins tombaient à genoux pour saluer la Capitale du monde catholique. Hélas ! la *strada ferrata* a maintenant changé tout cela. Aujourd'hui, le pèlerin et le touriste ne ressentent en entrant qu'une impression fort banale : celle du désappointement. En sortant de la gare, ils s'engagent dans des rues étroites, dépourvues de monuments, et bordées de maisons sans caractère et sans style. Après avoir passé devant un square à la moderne et laissé à droite les Thermes de Dioclétien, ils prennent à gauche la *via Nazionale* qui se prolonge jusqu'à la place de Venise.

Fiacres (*vetture pubbliche*). — On trouve à la gare une longue file d'omnibus des hôtels de la ville : les maîtres d'hôtels inscrivent sur votre note de 1 fr. à 1 fr. 50 pour votre place dans leur omnibus.

Prix des fiacres : A 1 cheval, pour 1 ou 2 personnes : voitures découvertes, 80 cent. le jour, 1 fr. la nuit ; voitures fermées, 1 fr. et 1 fr. 20. Une personne en sus. 20 et 40 cent. Voitures à 2 chevaux, pour 1 à 4 personnes : 2 fr. à 2 fr. 50; plus, pour une valise ou un sac. 20 cent.: pour une malle, 50 cent. Pourboire au facteur (*facchino*). 25 à 50 cent.

Le prix de l'heure est de 2 fr. le jour et 2 fr. 20 la nuit. Chaque quart d'heure en sus est de 45 et de 50 cent.

Hors de la ville. jusqu'à 3 kilomètres des portes, l'heure est de 2 fr. 50; le quart d'heure en sus, 50 cent. Pour les courses au delà de 3 kilomètres, on fait le prix avec le cocher.

Les heures de nuit sont de 8 heures du soir à 5 heures du matin. du 1er avril au 30 septembre, et de 7 heures à 6 heures du 1er octobre au 31 mars.

Hôtels : de Londres: de Bristol: du Quirinal; de l'Europe: de Russie (chambres depuis 3 fr. jusqu'à 6 fr.: premier déjeuner. 1 fr. 50: deuxième déjeuner. 3 fr.: dîner (sans le vin). de 5 à 6 fr.; pension depuis 10 fr.): — Continental: de Paris; d'Angleterre: Marine (pension depuis 10 fr.): — de la Minerve (premier déjeuner. 1 fr. 25; dîner (vin compris). 5 fr.: chambre. 3 fr.): — de Milan: Molaro: d'Allemagne: Anglo-Américain; Cesari: Hassler: du Sud: du Capitole: Laurati; Colonna. etc.

Pensions. — Dans quelques-uns de ces hôtels. la pension varie de 7 fr. 50 à 10 fr. Citons aussi la Pension Française. via del Tritone: la pension de Mme Michel: Chapmann: Belvédère, etc. (7 à 8 fr. par jour).

Logements meublés. — On trouve facilement à Rome des appartements meublés. Les voyageurs doivent les chercher de préférence près du Pincio et de la place d'Espagne. sur la place Barberini. Le *padrino di casa* habite une partie de l'appartement et sous-loue l'autre. Les rues que les étrangers préfèrent sont : via della Croce. Condotti. Sistina. Gregoriana. Due Macelli. Quattro Fontane. Frattina. Dans le Corso, à la place d'Espagne et dans la via del Babbuino, les logements sont naturellement plus chers.

Deux chambres meublées avec un lit coûtent de 150 à 200 fr. par mois ; une seule, 50 à 80 fr. Un appartement de famille se loue de 400 à 500 fr.

Restaurants. — Nazzari, place d'Espagne ; — Omer Spillmann, Corso, 164 ; — — Renaud, via Frattina ; — café de Rome. Le dîner coûte 6 fr. et plus.

Cuisine française : chez Corradetti, via della Croce ; — Ranieri, via Maria de Fiori ; — Panelli, via della Croce ; — Savoie, via Sistina ; — Sinato, via del Cappelle ; — al Fagiano, place Colonna, etc.

Trattorie romaines. — Rosetta, en face le Panthéon, à gauche ; — Trattoria Piemontese, place de Tieri ; — Pietro Micca, via San Andrea delle Fratte ; — Galbione, via del Lavatore ; — Torretta, place Borghese ; — Tre Re, via delle Ripresa dei Barbari ; — degli Artisti, via delle Vite.

On donne au garçon, appelé *cameriere*, 10 à 15 cent. de pourboire. Voici le tarif à peu près exact des prix : bœuf (*mezzo manzo*), 40 cent. (8 *soldi*) ; macaroni, 50 à 60 cent. ; potage (*zuppa*), 20 à 30 cent. ; rôti d'agneau (*arrosto di bacchio*) ou de chevreau (*di capretto*), 80 cent. ; bifteck (*bistecca*), rosbif, côtelette (*arrosto di mongana*), de veau (*di vitello*), de bœuf (*di manzo*), 90 cent. à 1 fr. Gâteau (*dolce pasta*), 30 à 50 cent. Vin, le demi-litre (*mezzo litro*), 30 à 40 cent. La carte s'appelle *lista*. (Voir le *Manuel de Conversation*, p. 12.)

Vins. — Les meilleurs vins du pays sont ceux de Velletri, de Marino, de Monte-Porzio, de Frascati, de Genzano et de Civita Lavigna. Ajoutons-y le fameux Est, de Montefiascone, et le vin d'Orvieto.

Les amateurs de bière peuvent en trouver de bonne via Capo le Case et via de Due Macelli ;

brasserie Poli, café Turc, Brasa Morteo, Corso, palais Ruspoli.

Cafés : de Rome, Corso, 426; — Nazional, Corso, 332; — degli Specchi, place Colonna, près la poste; — Moretto, place d'Espagne; — Venezia, place de Venise (Venezia), 130; — Greco, via dei Condotti.

Prix : café noir (*nero*, café avec un peu de lait (*ombra di latte*) ou avec beaucoup de lait (*molto latte*), 20 ou 25 cent.; *mischio* et *nera* (café avec du lait et du chocolat, 20 à 30 cent.; chocolat, 30 à 50 cent.; un petit pain 5 cent.; un gâteau (*pasta*) 10 cent.; pain et beurre (*pane al burro*), 20 cent.; glace (*gelato*) des granites (*granita*), glace à gros grains, la demi-portion 25 cent., portion entière 50 cent.

En Italie, on fait presque toujours son premier déjeuner du matin au café. A midi on déjeune à la fourchette avec des œufs cuits à la coque (*nora da bere*) durs (*toste*), ou sur le plat (*al piato*); et avec des côtelettes, du saucisson et du jambon.

Pourboires. — En Italie, les pourboires sont élevés à la hauteur d'une institution.

Les étrangers sont particulièrement exploités; ils devront donc se mettre en garde contre les sollicitations dont ils seront obsédés. Du reste, il est bon de faire remarquer qu'avec une *buona mano* insignifiante, on satisfait les *facchini* les plus importuns. Dans les galeries de tableaux, il suffit de donner au gardien 20 à 25 c. Plusieurs personnes ensemble donnent moins. Pour se faire ouvrir la porte d'une église, 25 cent. Pour se faire accompagner, 50 cent. à 1 fr.

Osterie (estaminets, cabarets). — C'est là que l'étranger peut aller surprendre sur le fait les manifestations de la vie populaire. Par exemple, qu'il ne s'attende pas à une grande propreté, il serait par trop déçu. On y boit du vin, et on y mange du pain et du fromage. Les *osterie* les plus fréquentées sont celles du monte Testaccio.

où le peuple afflue le dimanche et les jours de
fête. Voici les plus renommées : la Palombella,
via della Palombella, derrière le Panthéon. Les
vins qu'on trouve à cette *osteria* sont l'Orvieto,
très recherché (mais très rarement pur), le
Montefiascone et l'Aleatico. On visite l'osteria
Jacobini, via di Pietra, 66; au Transtevère, la
Cucciarella, via del Arco dei Telomei, 23. On y
vend les vins des environs de Rome (*vini dei
Castelli Romani*). Le litre coûte 50 cent., environ.
L'Orvieto vaut 90 cent. le demi-litre; l'Aleatico
1 fr. 50. On les sert dans de petites bouteilles.

Poste et Télégraphe. — La Poste centrale est
située place San Silvestro in Capite. Les bureaux
sont ouverts tous les jours, depuis 8 heures du
matin jusqu'à 9 heures du soir. — Les débits de
tabac vendent les timbres-poste (*franco bolli*).
Tarif pour les pays de l'Union postale, 25 cent.;
pour l'Italie, 20 cent. Le bureau du Télégraphe
ouvert de jour et de nuit, est également établi
place San Silvestro in Capite. Dépêches pour la
France : 1 fr., plus 11 cent. par mot. — En Italie,
1 fr. par 15 mots.

LIBRAIRES. — Les frères Bocca, au Corso, 216,
217 : Spithœver, place d'Espagne, 84, 85 : Lœscher
et Cie, Corso, 307; Piale, place d'Espagne, 1 et 2
Ouvrages religieux : via di Propaganda Fide, 8.

IMPRIMERIE POLYGLOTTE de la Propagande : via
di Propagande, Fide 8, belle librairie savante.

CABINET DE LECTURE de journaux français :
Corso, 146.

CHANGEURS : rue Condotti, nos 50, 54; Corso,
125, 198, 106.

BANQUIERS. — Spada, successeur de Torlonia,
via Condotti, 20; Cerasi, via del Babbuino, 51.

BAINS. — Dans les hôtels. — Établissements
hydrothérapiques, place Pia, et via Crociferi, 44.

Ambassades. *Auprès du Saint-Siège.* — De France : M. le comte Lefebvre de Béhaine, palais Rospiglioni.

— *Auprès du gouvernement italien.* De France : M. Billot, palais Farnèse. (Là est aussi installée l'École archéologique dirigée par M. Geoffroy.)

L'Académie française des Beaux-Arts fondée à Rome par Louis XIV est installée dans la villa Médicis.

Heure romaine. *Ave Maria.* — Les Romains comptent encore les heures du jour jusqu'à 24, au lieu de n'aller que jusqu'à 12, comme on fait dans le reste de l'Europe.

L'*Angelus* du soir annonce la fin de la vingt-quatrième heure qui varie avec le coucher du soleil. La première heure commence donc à partir de l'*Ave Maria*.

Voici le tableau comparatif de l'heure française et de l'heure italienne pour les mois d'avril, de mai, de juin, de septembre et d'octobre.

MOIS		MIDI d'après l'heure française.	AVE MARIA d'après l'heure romaine.
Avril	1	17 1 4	6 3 4
	2-14	17	7
	15-27	16 3 4	7 1 4
Mai	28-30 / 1-10	16 1 2	7 1 2
	11-23	16 1 4	7 3 4
Juin	24-31 / 1-10	16	8
	11-30	15 3 4	8 1 4
Septembre	1-7	17	7
	8-5	17 1 4	6 3 4
	16-23	17 1 2	6 1 2
Octobre	24-30 / 1-3	17 3 4	6 1 4
	4-12	18	6
	13-21	18 1 4	5 3 4
	22-31	18 1 2	5 1 2

Omnibus et Tramways. — Le réseau des omnibus comprend 26 lignes dont les six principales partent de la place de Venise et se dirigent vers la place du Peuple, la place Saint-Pierre, la place Saint-Jean de Latran, la place Victor-Emmanuel.

Le prix varie de 10 à 15 cent.

De plus, cinq lignes de tramways conduisent:
1° de la place de Venise à la place des Thermes;
2° de la place des Thermes au Campo-Verano;
3° de la place des Thermes à la place Saint-Jean de Latran; 4° de la place Montarana à Saint-Jean Hors-les-Murs; 5° de la Porte du Peuple au Ponte Molle par la voie Flaminienne.

Des tramways à vapeur se dirigent vers Tivoli et vers Marino.

Voiture de louage. — Piscitelli, via degli Avignonesi; Belli, via Marquetta. — Prix moyen d'une voiture à 2 chevaux, 30 fr. par jour sans compter le pourboire du cocher. Les voitures des hôtels coûtent 50 fr. par jour.

Orientation.

Le touriste qui veut s'orienter doit se placer d'abord sur une des hauteurs que nous indiquons page 86. De là, il aura une vue d'ensemble qui lui permettra de se reconnaître ensuite au milieu du labyrinthe des rues. Il ira donc dès le premier jour à Saint-Pierre in Montorio, où il tâchera de se trouver une heure au moins avant le coucher du soleil. Dans son excellent itinéraire, Bædeker indique la course d'orientation suivante:

Prendre une voiture et descendre le Corso jusqu'à la place de Venise, puis aller, par la via di Marforio, au Forum et au Colisée, par la via di S. Giovanni in Laterano, à la place devant l'église de ce nom d'où l'on découvre une belle vue ; passer par la via Merulana, devant Sainte-Marie-Majeure, en suivant la rue du même nom, par la via di San Lorenzo in Panisperna, la via Magnanapoli, le Forum de Trajan, en prenant la via San Marco ; par la via delle Botteghe-Oscure, sur la place Mattei, par la via di Falegnani, la place S. Carlo la via de Pettinari, sur le pont Sisto, au Trastevere, par la Lungara, la place St-Pierre, le Borgo Nuovo, la piazza Pia, le château et le pont Saint-Ange, la via Tordinone, pour revenir au Corso.

ROME VUE EN DIX JOURS [1]

I. Du Pont Saint-Ange au Vatican. — Le pont Saint-Ange ; — mausolée d'Adrien ; — Sainte-Marie-in-Traspontina ; — palais Giraud ; — place Saint-Pierre ; — basilique de Saint-Pierre ; — palais du Vatican ; — église de Saint-Onuphre ; — hôpital du Saint-Esprit ; — villa Madama.

II. De la porte du Peuple au Capitole. — Porte du Peuple ; — Sainte-Marie du Peuple ; — promenade du mont Pincio ; — Sainte-Marie des Miracles ; — hôpital Saint-Jacques ; — Saint-Charles, au Corso ; — Saint-Laurentin-Lucina ; — colonne Antonine ; — Monte-Citorio ; — temple d'Antonin le Pieux ; — Saint-Ignace ; collège Romain ; — Saint-Marcel ; — Sainte-Marie-in-via-Lata ; — palais Doria ; — Saint-Marc ; — le Gesu ; — excursion hors la porte du Peuple.

III. Le Capitole, le Forum et le mont Cœlius. — Tombeau de Bibulus ; — le mont Capitolin ; —

(1) Cet Itinéraire a été dressé par le savant chanoine de Bleser.

l'Ara Cœli; — Place du Capitole; — palais des Conservateurs; — musée du Capitole — roche Tarpéienne; — prison Mamertine; — église de Saint-Pietro-in-Carcere; — le Forum; — arc de Septime Sévère; — Académie de Saint-Luc; — Sainte-Martine et Saint-Luc; — temple d'Antonin et de Faustine; — Saint-Cosme et Saint-Damien (565); — basilique de Constantin; — Sainte-Françoise Romaine; — arc de Titus; — palais des Césars; — Saint-Bonaventure au Palatin; — temple de Vénus et de Rome; — Meta Sudans; — Colisée; — arc de Constantin; — Saint-Grégoire au Mont Cœlius; — Saint-Jean et Saint-Paul; — le Vivarium; — arc de Dolabella; — Sainte-Marie de la Navicella; — Saint-Étienne-le-Rond; — les Quatre-Couronnes; — Saint-Clément.

IV. Saint-Jean de Latran, Sainte-Marie Majeure et le quartier des Monts. — Saint-Jean de Latran; — le Baptistère; — palais et musée de Latran; — la Scala Santa; — le Triclinium; — Amphitheatrum Castrense; — Sainte-Croix en Jérusalem; — Porta Maggiore; — tombeau d'Eurysacès; — Sainte-Bibiane; — Saint-Laurent Hors-les-Murs; — arc de Gallien; — Sainte-Prudentienne; — Sainte-Marie-Majeure; — Sainte-Praxède; — Saint-Martin des Monts; — Saint-Pierre-aux-Liens; — Thermes de Titus; — colonne de Trajan; — Sainte-Marie de Lorette; — Saint-Nom de Marie.

V. Le Quirinal, les Thermes, la Voie Nomentane, la place Barberini et la place d'Espagne. — Fontaine de Trevi; — église des Saints-Apôtres; — palais Colonna; — Saints-Dominique et Sixte; — palais Rospigliosi; — palais du Quirinal; — Collège Belge; — Saint-Charles aux Quatre-Fontaines; — Sainte Suzanne; — fontaine des Thermes; — Saint-Bernard; — Thermes de Dioclétien; — Sainte-Marie des Anges; — camp Prétorien; — Sainte-Marie de la Victoire; — place Barberini;

palais Barberini ; — église des Capucins ; — Sainte-Isidore ; — église de la Trinité des Monts ; — villa Médicis ; — place d'Espagne ; — collège de la Propagande ; — Saint-André delle Fratte. — *Excursion hors la porte Pia* : la villa Albani : — Sainte-Agnès Hors-les-Murs ; — Sainte-Constance ; — catacombe de Sainte-Agnès.

VI. Quartier de la Ripetta. place Navone et les environs jusqu'au Ghetto. — Mausolée d'Auguste ; — hôpital Saint-Roch : — place et palais Borghèse : — Saint-Augustin : — l'Apollinaire : — Sainte-Marie-cella ou la Chiesa Nuova : — Sainte-Marie de la Pace ; — Sainte-Marie dell' Anima ; — place Navone : — Sainte-Agnès : — Saint-Louis-des-Français : — le Panthéon : — l'église de la Minerve : — l'Université de la Sapience : — palais — Saint-Pantaléon ; — Saint-André della Valle ; Braschi ; — Pasquin ; — Saint-Julien des Belges ; — théâtre de Pompée ; — San-Carlo a' Catinari : — portique d'Octavie ; — théâtre de Marcellus : — hôpital de la Consolation.

VII. Entre la place Navone et le Tibre. — Église et hôpital de la Trinité des Pèlerins ; — palais de la Chancellerie : — Saint-Laurent-in-Damaso ; — palais Farnèse : — palais Spada : — Saint-Jean des Florentins.

VIII. Ile Saint-Barthélemi et le Trastevere. — Pont des Quattro Capi : — île Saint-Barthélemi : — hôpital de Saint-Jean-Calabite ou des Benfratelli : — église de Saint-Barthélemi-en-l'Ile ; — Sainte-Marie dell' Orto : — Sainte-Cécile ; — hospice de Saint-Michel : — Saint-François a Ripa ; — Saint-Chrysogone : — Sainte-Marie-in-Trastevere : — Saint-Pierre-in-Montorio ; — fontaine Pauline : — église de Saint-Pancrace ; — villa Pamphili : — palais Corsini : — la Farnésine.

IX. Le Vélabre. le cirque Maxime et la voie Appienne. — Arc de Janus Quadrifrons : — Saint-Georges-in-Velabro : — la Cloaca Maxima ; —

Sainte-Anastasie; — le cirque Maxime; — Sainte-Balbine; — thermes de Caracalla; — église des Saints-Nérée et Achillée; — Saint-Sixte-le-Vieux; tombeau des Scipions; — voie Appienne; — basilique de Saint-Sébastien; — catacombes de Saint-Calixte; — tombeau de Cécilia Metella.

X. L'Aventin et la voie d'Ostie. — Temple de Vesta; — Sainte-Marie-l'Égyptienne; — Sainte-Marie-in-Cosmedin; — Sainte-Prisque; — Sainte-Sabine; — Saint-Alexis; — Prieuré de Malte; — pyramide de Cestius; — basilique de Saint-Paul Hors-les-Murs; — Saint-Paul-aux-Trois-Fontaines; — Sainte-Marie-Scala-Cœli; — Saint-Vincent et Saint-Anastase.

Visite sommaire. — Si le pèlerin et le touriste sont obligés de consacrer quelques jours seulement à la visite des monuments et des principales curiosités que renferme la Ville Éternelle, voici l'indication sommaire de tout ce qui doit solliciter leur attention :

Les Églises. — Saint-Pierre; — Saint-Jean de Latran; — Sainte-Marie-Majeure; — Saint-Laurent Hors-les-Murs; — Saint-Paul-hors-les-Murs; — la Chapelle Sixtine; — Saint-Augustin; — Saint-Clément; — Sainte-Croix de Jérusalem; — — Sainte-Marie des Anges; — Sainte-Marie in Ara-Cœli; — Sainte-Marie de la Minerve; — Sainte-Marie de la Paix; — Sainte-Marie du Peuple; Sainte-Marie au Trastévère; — Saint-Onofrio; — Saint-Pierre-aux-Liens; — Sainte-Praxède; — Saint-Louis des Français.

Les Palais. — La Chancellerie; — Farnèse; — Giraud; — de Venise; — Barberini; — Borghèse; — Corsini; — Doria; — Pamphili.

Les Galeries du Vatican et du Capitole.

Les Promenades de Monte Pincio; de la villa Borghèse; de la villa Pamphili; de la voie Appienne. Le mont Pincio est, le dimanche et le jeudi, 2 heures avant le coucher du soleil, le rendez-vous des Romains et des étrangers.

Les Vues panoramiques de Rome. — Le Pincio, la coupole de Saint-Pierre, la basilique de Constantin, la tour du Capitole, l'Observatoire du Collège Romain, les jardins du couvent de Saint-Onufre, le château Saint-Ange, le couvent de Sainte-Sabine, Saint-Pierre au Montorio, le Palatin, la Terrasse devant l'Académie de France.

Calendrier des fêtes religieuses. — Depuis le 20 septembre 1870, les fêtes religieuses ont perdu beaucoup de leur éclat. Les cérémonies publiques auxquelles le Saint-Père prenait part ont cessé d'avoir lieu. Avant le 20 septembre, le Souverain Pontife célébrait pontificalement la sainte messe aux fêtes de Noël, de Pâques et de Saint-Pierre. Sa Sainteté donnait la bénédiction papale *Urbi et Orbi* le Jeudi Saint et le jour de Pâques, du haut du balcon de Saint-Pierre; à la fête de l'Ascension, du balcon de Saint-Jean de Latran; le jour de l'Assomption, du balcon de Sainte-Marie-Majeure.

La loge, ou grand balcon de la façade de Saint-Pierre, était recouverte de tapis à crépines d'or et ornée d'un dais; un vaste *velarium* la protégeait contre les rayons du soleil. Le Pape y était apporté sur la *sedia gestatoria*, dont il ne descendait pas, mais sur laquelle, se tenant debout, il donnait la triple bénédiction apostolique. Le jour de Pâques et le 29 juin, la coupole de Saint-Pierre était illuminée.

Voici la nomenclature des principales fêtes religieuses et la désignation des cérémonies qui avaient lieu avant le 20 septembre 1870.

Janvier. — 1. — CIRCONCISION. — Chapelle Papale, à la Chapelle Sixtine, à 10 heures du matin. Grand'messe dans l'église Saint-Andrea della Valle.

6. — ÉPIPHANIE. — Chapelle Papale, à la Cha-

pelle Sixtine, à 10 heures du matin et 3 heures et demie du soir. Procession du *Bambino* à l'église d'Ara-Cœli. — A la Propagande, messes basses célébrées selon les différents rites orientaux. Pendant l'Octave, on célèbre, à 2 heures et demie, au collège de la Propagande, la fête des langues. L'apparition de Notre-Seigneur aux Mages est chantée dans plus de 40 idiomes.

17. — SAINT ANTOINE, ABBÉ. — Bénédiction des animaux domestiques. Le dimanche suivant, le Pape et les grands seigneurs envoyaient bénir leurs chevaux.

18. — FÊTE DE LA CHAIRE DE SAINT PIERRE. — Chapelle Papale, à Saint-Pierre, à 10 heures du matin.

21. — SAINTE AGNÈS. — Messe à Sainte-Agnès Hors-les-Murs, et bénédiction des agneaux.

Février. — 2. — CHANDELEUR. — Chapelle Papale, à Saint-Pierre, 9 heures et demie du matin. Le Souverain Pontife y bénissait les cierges et les distribuait aux membres du Corps diplomatique.

Mars. — Tous les vendredis, le Pape se rendait à midi à Saint-Pierre, pour y prier à la Confession.

7. — SAINT-THOMAS D'AQUIN. — Chapelle Papale à Sainte-Marie de la Minerve.

9. — SAINTE-FRANÇOISE ROMAINE. — A 10 heures. Chapelle cardinalice à Sainte-Françoise au Forum. On peut visiter la chambre de la sainte dans le couvent des Oblates de *Torre de Specchi*.

16. — SAINT-PHILIPPE DE NÉRI. — Fête à la Chapelle du palais Massimi en mémoire d'une résurrection opérée par saint Philippe de Néri.

25. — ANNONCIATION. — Chapelle Papale à Sainte-Marie de la Minerve, 10 heures.

Carême. — Le Mercredi des Cendres, et tous les dimanches de Carême, Chapelle Papale, à la Chapelle Sixtine, à 10 heures du matin. Sermons du Carême au Gesù, à Sainte-Marie de la Minerve et dans d'autres églises.

Le troisième dimanche de Carême, il y avait station à San Lorenzo Hors-les-Murs.

DIMANCHE DES RAMEAUX. — Chapelle Papale à Saint-Pierre à 9 heures. Le Souverain Pontife allait d'abord adorer Notre-Seigneur dans la Chapelle du Saint-Sacrement et précédé du Sacré Collège, arrivait au sanctuaire. Les cardinaux venaient lui faire obédience, puis la bénédiction et la distribution des palmes avaient lieu.

Semaine Sainte. — MERCREDI SAINT. — Office des Ténèbres à 4 heures à la Chapelle Sixtine. Chant du *Miserere* de Baï et de Boïni. Après l'office, vénération des reliques de la Passion : ces reliques sont la lance, le bois de la vraie Croix et le voile où s'imprima la Face. A la Trinité des Pèlerins, une heure après l'*Ave Maria*, lavement des pieds et repas des pauvres pèlerins venus à Rome. La confrérie de la Sainte-Trinité, composée de cardinaux et prélats, de princes, etc., donne l'hospitalité aux pèlerins

JEUDI SAINT. — A Saint-Jean de Latran, ostension de la table de la dernière Cène. — A la Chapelle Sixtine, Chapelle Papale. Après la messe, le Pape portait processionnellement la Sainte-Hostie à la Chapelle Pauline. Un peu avant midi, il donnait la bénédiction *urbi et orbi* du haut de la *loggia* de Saint-Pierre. Au moment où il la prononçait, le canon tonnait au château Saint-Ange, les tambours battaient aux champs, les cloches sonnaient à toute volée. Le Pape lavait lui-même les pieds à treize pèlerins de différentes nations, puis il leur donnait un bouquet de fleurs et deux médailles. A midi et demi, dans le portique supérieur de Saint-Pierre, se célébrait la Cène des apôtres. Les treize pèlerins étaient assis devant une table richement ornée et étaient servis par le Souverain Pontife lui-même.

A 4 heures, office des Ténèbres dans la Chapelle

Sixtine, chant de la 1re *Lamentation* de Palestrina, du *Miserere* de Baï et d'Allegri. A la Trinité des Pèlerins, une heure après l'*Ave Maria*, lavement des pieds et repas des pauvres pèlerins.

VENDREDI SAINT. — A 9 heures, Chapelle Papale à la Sixtine : chant de la Passion avec les chœurs d'Avila ; sermon latin par le procureur général des Mineurs conventuels ; adoration de la Croix pendant laquelle on chantait les *impeproria* de Palestrina.

A 2 heures et demie, au *Gesu*, à Sainte-Marie *in Monti*, à Saint-Jérôme de la Charité et à Saint-Sylvestre *in Capite*, les TROIS HEURES D'AGONIE DE NOTRE-SEIGNEUR, ou sermon entrecoupé de morceaux de musique.

A 3 heures et demie, Chapelle Papale pour l'office des Ténèbres, à la Chapelle Sixtine, *Miserere* d'Allegri. Le Pape et les cardinaux se rendaient par la *Scala Regia* à la Basilique de Saint-Pierre, où ils assistaient à l'ostension des Grandes Reliques.

A 4 heures, chemin de la Croix au Colisée. Une heure après l'*Ave Maria*, lavement des pieds et repas des pauvres pèlerins à la Trinité-des-Pèlerins.

A la même heure, l'HEURE DE LA DÉSOLATION DE LA SAINTE VIERGE, sermon entrecoupé de musique à Saint-Marcel, *au Corso*, à Saint-Roch et à Ripetta.

SAMEDI SAINT. — A 8 heures, à Saint-Jean de Latran, bénédiction du feu nouveau, de l'encens et du cierge pascal ; chant des prophéties ; bénédiction des fonts baptismaux ; baptême d'adultes juifs ou turcs ; administration du sacrement de confirmation aux catéchumènes ; ostension des têtes de saint Pierre et de saint Paul, litanie des Saints, messe et ordination générale.

Même heure, office du Samedi Saint à la basilique de Saint-Pierre. A 9 heures, Chapelle Papale, à la Chapelle Sixtine. Exécution de la *Messe du*

Pape Marcel, le chef-d'œuvre de Palestrina. Ostension des Saintes Reliques. A 3 heures et demie, messe pontificale en rit arménien, à Saint-Andrea della Valle.

DIMANCHE DE PAQUES. — A 8 heures, les troupes pontificales s'échelonnaient dans les rues qui aboutissent à la Basilique. A 8 heures et demie, elles prenaient place dans le vestibule de la grande nef. Vers 9 heures, le Pape, tiare en tête, faisait son entrée dans la basilique de Saint-Pierre.

Au moment où il entrait, porté sur la *Sedia gestatoria*, par douze serviteurs revêtus de dalmatiques rouges, les trompettes de la garde noble, placés sur le balcon intérieur qui surmonte la porte, exécutaient une fanfare, et les chantres entonnaient le superbe motet : *Tu es Petrus*.

Lorsque le pape avait pris place sur son trône, les cardinaux, les patriarches, les archevêques, les évêques, etc., allaient lui prêter obédience.

Après le chant de Tierce, le Pape célébrait la Messe solennelle : il se servait d'un chalumeau pour l'absorption du Sang divin. Après la messe, le cortège se transportait au milieu de la Basilique, devant la Confession, et en ce moment, du haut du balcon de Sainte-Véronique, on exposait les Grandes Reliques. Après cette cérémonie, le Saint-Père donnait la bénédiction *urbi et orbi*.

A 3 heures et demie, à la Basilique, procession des trois Maries, vêpres et sermon. A l'*Ave Maria*, illumination de la coupole, de la façade et des portiques de Saint-Pierre, au moyen de 4.400 lampions : une heure plus tard, l'illumination au moyen de lampes était remplacée par une autre avec des torches.

LUNDI DE PAQUES. — Chapelle Papale à la Chapelle Sixtine, à 9 heures du matin. Ostension des reliques à Saint-Pierre, à 3 heures et demie. Le soir, feu d'artifice au Monte Pincio.

ASCENSION. — Chapelle Papale à Saint-Jean de

Latran, à 10 heures du matin. Vers midi, bénédiction papale du haut du balcon de cette basilique.

SAMEDI, VEILLE DE LA PENTECÔTE. — A 8 heures et demie, au Baptistère de Latran, bénédiction des fonds par le cardinal-vicaire et administration des sacrements de baptême, de confirmation et d'eucharistie à des adultes juifs ou turcs convertis.

PENTECÔTE. — Station à la basilique Saint-Pierre. A 10 heures et demie, Chapelle Papale à la Sixtine.

FÊTE-DIEU. — A 10 heures, messe basse célébrée par le Pape. La messe est suivie de la procession qui défile sous les portiques et entre dans la basilique de Saint-Pierre où elle est reçue par le Chapitre.

TRINITÉ. — Chapelle Papale à la chapelle Sixtine, à 10 heures du matin.

Avril. — 25. — Saint Marc. Procession du clergé romain qui se rend de Saint-Marc, au Corso, à Saint-Pierre, à 7 heures et demie du matin.

Mai. — 3. — INVENTION DE LA SAINTE CROIX. A 10 heures et demie, messe à Sainte-Croix en Jérusalem (*Santa Croce in Gerusalemme*), près la Porte Majeure. Ostension des Saintes Reliques après la messe, et à 5 heures et demie avant les vêpres. Ces reliques sont les suivantes : 1° trois grands morceaux de bois de la vraie Croix ; 2° un des clous qui a été teint du Sang du Sauveur. Ce clou est long de 13 centimètres, à trois tranchants et à tête arrondie. Il est parfaitement conservé, à l'exception de la pointe, enlevée, dit-on, par sainte Hélène elle-même. Suivant Théodoret, l'impératrice enchâssa une partie de ce clou dans le casque de son fils ; 3° deux épines de la couronne de Notre-Seigneur ; 4° le doigt avec lequel saint Thomas sonda les plaies de Jésus ; 5° le titre de la Croix. La tablette est beacoup plus petite actuellement qu'elle ne l'était à l'origine ; plusieurs parcelles ont été données à des églises placées sous l'invocation du titre de Sainte-Croix. La couleur rouge des caractères a disparu et fait place à une teinte plombée. La légende hébraïque est presque complètement effacée. Voici seulement ce qui reste de l'inscription grecque et de l'inscription latine : ...*de Nazareth, roi*.

... BCΥΟΝΕΡΑΖΑΝ
... ΕR SY.ERAZAN

Il faut lire ces inscriptions de droite à gauche.

5. — FÊTE DE S. PIE V, patron adopté par Pie IX, comme Pape, et FÊTE DE LA CONVERSION DE SAINT AUGUSTIN. 5ᵐᵉ anniversaire de l'institution, par le Pape, de la *Croix rouge* des pèlerins (5 mai 1873).

6. — SAINT JEAN DEVANT LA PORTE LATINE. — L'une des fêtes du patron, saint Jean, donné au baptême à Jean Mastaï, plus tard Pie IX.

8. — APPARITION DE SAINT MICHEL, patron de la France, au mont Gargano, et anniversaire de la délivrance d'Orléans par Jeanne d'Arc.

12. — Pie IX exilé débarque dans ses États, à Ancône, en 1851.

13. — NAISSANCE, EN 1792, DE SA SAINTETÉ.

18. — SAINT VENANCE LE THAUMATURGE. 15 ans, très aimé des pèlerins français qui ont donné à Rome une extension considérable à son culte.

21. — ANNIVERSAIRE DE LA PROMOTION DE SA SAINTETÉ PIE IX A L'ÉPISCOPAT.

26. — SAINT PHILIPPE DE NÉRI. — A la Chiesa Nuova, ou Sainte-Marie in Vallicella, Chapelle Papale à 10 heures. On est admis à visiter la chambre de saint Philippe de Néri. Les Pères de l'Oratoire ont conservé religieusement les chambres habitées autrefois par leur fondateur. Dans la chapelle domestique, on voit encore la clochette dont on se servait à sa messe, son

masque en cire, le crucifix qu'il tenait au moment de son agonie; et enfin la table d'autel sur laquelle il célébrait la sainte messe. Dans la chambre du premier étage, on voit l'armoire du saint, deux matelas, une couverture de laine, une chaufferette et le banc sur lequel saint Philippe de Néri s'esseyait pour instruire les enfants.

Juin. — 3. — Anniversaire de la consécration épiscopale de Pie IX. — Cérémonie dans l'église Saint-Pierre-aux-Liens, où cette consécration eut lieu, en 1826; mai Pie IX, fidèle à la captivité qu'il s'était imposée, n'y paraissait pas.

17. — Anniversaire de la Création de Sa Sainteté Pie IX, le 15 juin 1846.

21. — Anniversaire du Couronnement de Sa Sainteté Pie IX.

24. — Nativité de Saint Jean-Baptiste. — Autrefois Chapelle Papale à Saint-Jean de Latran, à 10 heures. Ostension des têtes de saint Pierre et de saint Paul.

28. — Veille de la Saint-Pierre. — Chapelle Papale, à Saint-Pierre, à 6 heures du soir. Après les vêpres, bénédiction des palliums bénits le 21 janvier et puis déposés sur le tombeau de saint Pierre jusqu'à ce qu'on les retire pour les envoyer aux nouveaux archevêques, patriarches et prélats. A 8 heures et demie, la coupole de Saint-Pierre était brillamment illuminée.

23. — Saint Pierre et Saint Paul. — A la basilique du Vatican, messe pontificale à 9 heures. A Saint-Jean-de Latran, on découvre les têtes des princes des Apôtres. — Pendant toute l'octave visites à la prison Mamertine. A l'*Ave Maria*, illumination générale et feu d'artifice au mont Pincio.

Juillet. — 14. — Saint Bonaventure. — Chapelle Papale aux Saints Apôtres.

31. — Saint Ignace. — Chapelle Papale au Gesu.

Août. — 1er. — SAINT PIERRE ÈS LIENS. — Chapelle Papale à San Pietro-in-Vincoli. Exposition des chaînes du prince des Apôtres.

5. — NOTRE-DAME DES NEIGES. — Chapelle Papale à Sainte-Marie-Majeure, à 10 heures et demie. Pendant tout le temps de l'office, on jette des fleurs du haut de la coupole de la chapelle Borghèse pour rappeler la fondation de la Basilique.

15. — ASSOMPTION. — Chapelle Papale à Sainte-Marie-Majeure, à 10 heures du matin; grande bénédiction du haut de la loggia de la Basilique.

Septembre. — 8. — NATIVITÉ DE LA VIERGE. — Chapelle Papale, à Sainte-Marie du Peuple, à 10 heures du matin.

14. — EXALTATION DE LA SAINTE CROIX. — A San Marcello.

Novembre. — 1er. — TOUSSAINT. — Chapelle Papale à la Chapelle Sixtine, à 10 heures du matin et à 3 heures.

2. — FÊTE DES MORTS. — Chapelle Papale à la Chapelle Sixtine, à 10 heures du matin.

3. — REQUIEM pour les Papes décédés. — Chapelle Papale, à la Chapelle Sixtine, à 10 heures du matin.

4. — SAINT CHARLES BORROMÉE. — Chapelle Papale à San Carlo, à 10 heures du matin; exposition des reliques du saint.

5. — REQUIEM pour les Cardinaux décédés.

6. — REQUIEM pour les Chanteurs décédés de la Chapelle Papale, à la *Chiesa Nuova*.

Les quatre dimanche de l'Avent, Chapelle Papale à la Chapelle Sixtine, 10 heures du matin.

22. — SAINTE CÉCILE. — Chapelle Papale à Sainte-Cécile au Trastevère. Illumination des catacombes de Saint-Calixte.

23. — Illumination de l'église souterraine de Saint-Clément.

Décembre. — 8. — IMMACULÉE CONCEPTION. — Chapelle Papale à la Chapelle Sixtine, à 10 heures du matin. A 3 heures du soir, procession à l'église d'Ara-Cœli; vers 3 heures du matin, à Sainte-Marie Majeure.

24. — VEILLE DE NOEL. — Chapelle Papale à la Chapelle Sixtine, à 8 heures du soir; vers minuit, solennité à l'Ara-Cœli; vers 3 heures du matin, à Sainte-Marie-Majeure.

25. — NOEL. — Chapelle Papale à Saint-Pierre, à 9 heures du matin. L'élévation était accompagnée de fanfares de trombones, du haut de la coupole.

26. — SAINT ÉTIENNE. — Chapelle Papale à la Chapelle Sixtine, à 10 heures du matin.

27. — SAINT JEAN L'ÉVANGÉLISTE. — Chapelle Papale à la Chapelle Sixtine, à 10 heures du matin.

31 — SAINT SYLVESTRE. — Chapelle Papale à la Chapelle Sixtine. A 4 heures du soir, au Gesu, *Te Deum* d'actions de grâces pour tous les bienfaiteurs dans le courant de l'année, et bénédiction du Saint-Sacrement. Le Pape assistait à cette cérémonie avec les cardinaux.

PORTES, PLACES ET FONTAINES

Bâtie sur une plaine ondulée, Rome est assise sur les deux rives du Tibre (*Tevere*), à 25 kilomètres de l'estuaire de ce fleuve. Le Tibre partage la Ville éternelle en deux parties inégales, dont la plus vaste, sur la rive gauche, renferme les collines suivantes : le Pincio, le Quirinal, le Viminal, l'Esquilin, le Cœlius et l'Aventin, à peu près désert aujourd'hui, et sur la rive droite les monts Palatin et Capitolin. La colline Vaticane et le Janicule sont sur la rive droite. La population est de 345,036 habitants.

Portes. — On compte aujourd'hui 12 portes ouvertes :

1º Porte du Peuple (*Porta del Popolo*), située près de l'ancienne porta Flaminia qui donnait sur la voie Flaminienne. C'est de cet endroit que les évêques, présents à Rome, datent les lettres pastorales qu'ils envoient à leur diocésains.

2º Porta Salara, par où Alaric entra dans Rome.

3º Porta Pia, ouverte par Pie IV, sur les dessins de Michel-Ange. Elle a été atteinte par l'artillerie des troupes italiennes qui entrèrent dans Rome le 20 septembre 1870, par une brèche faite à côté. Un peu plus loin est la porte Nomentana, qui conduisait à Nomentanum; c'est par là que s'enfuit Néron.

4º Porta San Lorenzo (Tiburtina) qui conduit à Saint-Laurent Hors-les-Murs et à Tivoli.

5º Porta Maggiore, formée de deux arches de l'aqueduc de Claude.

6º Porta San Giovanni (xvıᵉ siècle), située près de Saint-Jean de Latran et conduisant à Albano.

7º Porta San Sebastiano (Appia), construite à la place de la porte Capena, où commençait la voie Appienne.

8º Porta San Paolo (*Ostiensis*) menant à Saint-Paul Hors-les-Murs. C'est par cette porte que Totila entra dans Rome.

Sur la rive droite :

9º Porta Portese (*Portuensis*), bâtie par Urbain VIII.

10º Porta San Pancrazio (*Janiculensis*), bombardée le 30 avril 1849 par les troupes françaises qui assiégeaient Rome.

11º Porta Cavalleggieri, située près de la colonnade de Saint-Pierre. C'est par là qu'entrèrent, en 1527, les hordes commandées par le connétable de Bourbon.

12º Porta Angelica (1566), menant au Monte Mario et à la colonnade du Bernin.

Ponts du Tibre. — Huits ponts couvrent aujourd'hui le Tibre : 1° Le Pont Saint-Ange (*Ponte San Angelo*), qui joint la région *del Ponte* à celle du *Borgo*. En 1668, Clément IX ordonna au Bernin d'entourer le pont d'une balustrade garnie de grilles en fer, et d'ériger sur les contreforts dix statues en marbre qu'on y voit encore aujourd'hui. — 2° Le Pons Triumphalis. — 3° Le Pont suspendu en fer, bâti par Pie IX et qui sert de communication aux habitants du Trastevère et de la *Lungara*. — 4° Le Ponte Sisto. — 5° Le Ponte de' Quattro Capi. — 6° Le Ponte di San Bartolomeo. — 7° Le Ponte Rotto. — 8° Le Pont Sublicius, c'est-à-dire *pont de bois bâti sur pilotis*. C'est ici, si l'on veut en croire Tite-Live, que se serait dévoué pour la liberté de sa patrie Horatius Coclès, en soutenant seul, avec Laertius et Herminius, l'attaque de l'armée de Porsenna.

Places et Fontaines. — Rome moderne ne compte pas moins de 150 places plus ou moins grandes, et à peu près autant de fontaines publiques. Voici les principales : Place Barberini, vis-à-vis du palais des princes de ce nom. Elle est ornée d'une fontaine dite *del Tritone* (du Triton), ordonnée au Bernin par Urbain VIII. — Place du Capitole (*piazza di Campidoglio*), est de Michel-Ange. Les statues de Constantin et de son fils Constance proviennent des thermes de Constantin. A droite, la première pierre milliaire antique de la voie Appienne.

Le milieu de la place est décoré de la superbe *statue équestre* en bronze, autrefois dorée, de l'empereur Marc-Aurèle, qui s'élevait primitivement sur le Forum, près de l'arc de Septime-Sévère, qui fut, de 1187 à 1538, sur la place du palais de Latran.

Derrière cette statue s'élève le *Palais sénatorial*, rétabli en 1389, par Boniface IX, sur l'antique Tabularium, et décoré de son beau perron par Michel-Ange. La statue assise au dessus de la fontaine est Rome. Le palais renferme une grande salle pour les séances du Conseil municipal, et, en outre, les bureaux de l'Administration municipale, des habitations, un observatoire. Le *Campanile* a été construit en 1572 par Grégoire XIII, à la place d'un autre clocher qui faisait probablement partie du palais construit par Boniface.

Les deux palais latéraux ont été élevés au xviie siècle. Celui de droite est le *Palais des Conservateurs*, c'est-à-dire du Conseil municipal, renfermant d'importantes collections; celui de gauche est le musée du Capitole. — PLACE COLONNA (au *Corso*). Elle possède une fontaine dessinée par J. della Porta, sous Grégoire XIII. — PLACE FARNÈSE, de forme carrée; elle a reçu son nom du palais Farnèse. — PLACE DE MONTE CAVALLO, au Quirinal. On remarque au milieu de cette place les statues de Castor et de Pollux. — La PLACE NAVONE, une des plus vastes de Rome, est bâtie sur les substructions du Cirque Agonal dont elle a conservé la forme. Tous les matins, on y tient le marché aux légumes et aux fruits, et tous les mercredis, celui de comestibles et d'autres objets de toute sorte. Cette place renferme trois grandes fontaines et une petite. La plus grande et la plus belle, qui se trouve au milieu, est l'œuvre du Bernin. La deuxième et la troisième fontaine furent commandées par Grégoire XIII. — PLACE PASQUINO, à l'angle du palais Braschi, à côté de la place Navone. Pasquin était un tailleur qui se plaisait à railler tous ceux qui passaient devant sa boutique. Après sa mort, on trouva près de là une statue antique fort endommagée, dont on a fait plus tard un Ménélas soutenant le corps de Patrocle. Le peuple le baptisa du nom de Pasquin, et chaque nuit elle reçut les lazzis et les quolibets des satiriques de Rome. — FONTAINE PAULINE, sur les hauteurs du Janicule, élevée par Paul V (Borghèse). — PLACE DU PEUPLE (point de départ du Corso), une des plus magnifiques de Rome, et certainement la plus régulière. Elle est de forme elliptique et décorée, au centre, d'un obélisque. — PLACE D'ESPAGNE, grande et spacieuse, riche en hôtels et rendez-vous des étrangers. On y remarque une fontaine nommée *Barcaccia*, et la colonne de l'Immaculée-Conception, érigée par Pie IX. — FONTAINE DE TERVI, la plus somptueuse de Rome, et peut-être la plus abondante du monde entier, commencée par Clément XII et achevée par Benoît XIV. — PLACE DE VENISE (à l'extrémité du Corso). Ainsi nommée du palais des Ambassadeurs de la République de Venise, où réside aujourd'hui l'ambassadeur d'Autriche.

BASILIQUES

CLASSIFICATION DES BASILIQUES DE ROME. — 1° *Basiliques patriarcales ou majeures* : Saint-Jean de Latran (p. 110); — Saint-Pierre (p. 100); — Sainte-Marie-Majeure (p. 114); — Saint-Paul Hors-les-Murs (p. 117); — Saint-Laurent Hors-les-Murs (p. 119). — 2° *Basiliques mineures* : Sainte-Marie in Trastevere (p. 127); — Saint-Laurent in Damaso (p. 130); — Sainte-Marie in Cosmedin (p. 139); — Sainte-Marie de Monte-Santo (p. 139). — 3° *Basiliques à pavillons* : Saint-Jean de Latran; — Saint-Pierre; — Sainte-Marie-Majeure; — Sainte-Marie in Trastevere; — Saint-Laurent in Damaso; — Sainte-Marie in Cosmedin; — Sainte-Marie de Monte-Santo; — Oratoire du *Sancta Sanctorum* (p. 114); — Sainte-Marie de la Minerve (p. 122). — 4° *Basiliques stationales, dans l'ordre où se font les stations* : Saint-Pierre; Saint-Paul Hors-les-Murs; — Saint-Sébastien Hors-les-Murs; — Saint-Jean de Latran; — Sainte-Croix de Jérusalem (p. 136); — Saint-Laurent Hors-les-Murs; — Sainte-Marie-Majeure.

Saint-Pierre au Vatican. — Quel qu'ait été le théâtre du martyre de saint Pierre, qu'il ait été crucifié sur le Janicule ou près du cirque de Néron au Vatican, il est certain, dit le chanoine de Bleser, que ses restes vénérés furent transportés par les chrétiens dans les *Grottes vaticanes*. L'an 90, Anaclet, successeur du prince des Apôtres, lui érigea, dans ces mêmes grottes, un modeste oratoire. Deux siècles plus tard, cet oratoire primitif fut changé en un temple digne de lui. L'an 324, Constantin, après s'être dépouillé de sa chlamyde, prit une pioche, ouvrit le sol, puis porta sur ses épaules douze paniers pleins de terre en l'honneur des douze apôtres, et les jeta dans l'endroit où l'on devait poser la première pierre de la Basilique Vaticane. La basilique impériale qui succéda à l'œuvre d'Anaclet subsista pendant onze siècles et demi. En 1450, l'édifice constantinien menaçait ruine. Jules II s'adressa alors au Bramante, qui voulut donner à la Basilique la forme d'une croix grecque avec une immense coupole au centre, des voûtes majestueuses au dessus des bras de la croix et un portique hexastyle. Après la mort de Bramante, en 1514, Giuliano Sangallo, Giacondo de Vérone et Raphaël Sanzio, transformèrent la basilique en croix latine. Peruzzi, par économie de temps et d'argent, ramena de nouveau la croix latine à une croix grecque. En 1546, Paul III fait appel à Michel-Ange Buonarotti. Cédant aux instances du Souverain Pontife, Michel-Ange trace un plan qui transforme la basilique de Saint-Pierre en une croix grecque et qui fait supporter le dôme par d'énormes murs au lieu de l'appuyer sur des colonnes ; la façade devait consister en un portique comme dans l'église du Panthéon. Vignole et Ligorio respectèrent les dispositions de ce projet. Jacques della Porta acheva le dôme en 1590 sous le Pontificat de Sixte-Quint, après en avoir modifié la courbure extérieure, en substituant la forme elliptique au plein cintre. Il n'en fut pas de même sous Charles Maderne. En faisant de cette basilique grecque une croix latine, l'architecte de Paul V dénatura complètement le projet de Buonarotti. Le dôme devait être au premier plan ; on le relégua en arrière, en allongeant la nef de trois travées que l'on masqua encore par une énorme façade. C'est ainsi que Charles Maderne enleva à Saint-Pierre ce cachet de grandeur et de magnificence que Michel-Ange avait surtout en vue. Les trois nefs furent achevées en 1612, le portique l'an 1614 ; la dédicace du temple eut lieu sous Urbain VIII, le 18 novembre 1626. Sous Alexandre VII, le Bernin construisit l'atrium du nouveau temple en le faisant précéder de la *colonnade*; celle-ci fut achevée sous Clément IX (1667). Enfin, en 1780, Carlo Marchioni bâtit la sacristie. De 1450, époque de la fondation, jusqu'à 1626, date de la dédicace, 176 années se sont écoulées ; en comprenant l'achèvement de la sacristie sous Pie VI, on aura 330 années et 43 papes. A la fin du xvii° siècle, les frais montaient à 46,800,098 scudi (près de 250 millions de francs).

La PLACE SAINT-PIERRE est de forme elliptique, et a 196 mètres de large ; on y distingue particulièrement la colonnade, l'obélisque et les fontaines. La colonnade est à quatre rangées de colonnes, formant trois allées ; dans celle du milieu, peuvent passer deux voitures de front. On compte 281 colonnes, 64 pilastres appartenant à l'ordre dorique et toscan. La balustrade qui les surmonte supporte 192 statues de saints de 12 pieds de hauteur. Cette œuvre commencée sous Alexandre VII (1661), a été terminée sous Clément IX. Les deux fontaines ont été dessinées par Charles Maderne ; elles jettent une magnifique gerbe d'eau qui provient du lac Braccioni.

A la place elliptique que nous venons de décrire, succède une autre, en forme de trapèze, plus

petite, qui s'élargi à mesure qu'on s'approche de
la basilique ; la colonnade du Bernin continue
des deux côtés, en formant deux galeries soutenues par des pilastres. Au bas de l'escalier qui
conduit au portique, on voit deux statues colossales élevées par Pie IX : à droite, celle de saint
Pierre ; à gauche, celle de saint Paul.

La Façade de Carlo Maderno a 117 mètres de
largeur et 50 de hauteur, et se compose de
8 colonnes, 4 pilastres et 6 demi-pilastres suppor-
tant une balustrade décorée des statues de Notre-
Seigeur et des Apôtres. L'inscription rappelle
qu'elle fut construite sous Paul V en 1612. Au
dessus s'élève la *loggia* d'où le Saint-Père
donnait la bénédiction apostolique, le Jeudi
Saint et le jour de Pâques.

Le Portique ou Pronaos est large de 15m,26 et
long de 142. A ses deux extrémités sont placées
les statues de Constantin et de Charlemagne. Au
dessus de l'entrée, mosaïque de Giotto, « Saint
Pierre sur la mer » ; c'est la Navicella. La partie
du milieu, exécutée sous Eugène IV, est en
bronze. La porte de droite ne s'ouvre que pour
le Jubilé.

Intérieur. — D'après l'aveu que sont forcés de
faire tous les voyageurs, dit le chanoine de Bleser,
la première impression qu'on éprouve en entrant
dans la Basilique ne répond en rien à la grandeur
des proportions du monument : on la trouve
infiniment plus petite qu'elle ne l'est en réalité.
Le président de Brosses disait déjà au xviiie siècle :
« On ne s'aperçoit de l'énorme étendue de l'édifice que par relation; lorsqu'on considère une
chapelle, on la trouve grande comme une cathédrale. » Ce résultat n'est-il pas dû à l'admirable
harmonie de l'édifice ? La longueur de l'édifice
est de 186 mètres, sa hauteur 45 mètres, sa largeur
de 25 mètres. On a calculé que Saint-Pierre pourrait abriter 54,000 personnes, la cathédrale de
Milan 37,000, Notre-Dame de Paris 21,000.

La coupole, les arcades de cette coupole, la largeur de la nef et des transepts sont de Bramante; le Bernin a présidé à l'ornementation et il a souvent gâté la majestueuse simplicité du plan primitif par une décoration plus fastueuse que noble.

COUPOLE. — La hauteur est de 50ᵐ,35. Les quatre piliers qui la soutiennent ont des niches dans lesquelles sont placées des statues hautes de 5 mètres; au dessus, quatre *loggia* d'où se fait l'ostension des grandes Reliques. Au dessus des loges, magnifique entablement dans la frise duquel on lit en caractères de 2 mètres de haut : *Tu es Petrus et super hanc petram tibi dabo claves regni cœlorum.* Sous la coupole s'élève le MAITRE-AUTEL, élevé sur sept degrés de marbre. Le baldaquin de bronze qui le surmonte est soutenu par quatre colonnes torses du même métal. Aux quatre angles, sont des statues colossales d'anges. Sous le maître-autel est la CONFESSION de Saint Pierre : là est le tombeau où on se conserve la moitié des corps de saint Pierre et de saint Paul. L'autre moitié est à l'église Saint-Paul et leurs têtes sont à Saint-Jean de Latran. D'après D. Guéranger, le corps de saint Pierre reposerait seul ici, la basilique de Saint-Paul Hors-les-Murs posséderait celui de saint Paul.

TRIBUNE ET CHAIRE DE SAINT-PIERRE. — Dans l'abside est la tribune. Là s'épanouit une gloire composée de vastes rayons que dardent des anges. Au milieu de ce fond plane la colombe, emblème du Saint-Esprit. Au dessus de l'autel est la chaire de saint Pierre, stalle en bronze qui renferme la chaire en bois qui servit au prince des Apôtres et à ses successeurs : à droite, tombeau d'Urbain VIII; à gauche, monument de Paul III.

Après avoir visité la nef centrale, parcourons les bas-côtés.

Nef latérale de droite. — Au dessus de la porte

du jubilé, mosaïque représentant saint Pierre. *Première Chapelle (della Pietà)* : la Sainte Vierge tenant sur ses genoux son divin Fils : œuvre excellente de Michel-Ange. A droite de l'autel, *Chapelle de la Colonne*; on y conserve une colonne en spirale, de marbre blanc, qui aurait fait partie du temple de Salomon. A gauche de la chapelle della Pieta *(Chapelle du Crucifix)*, tombeau de la reine Christine et monument de Léon XII. — *Chapelle de Saint-Sébastien* : tombeau de la princesse Mathilde. Le bas-relief représente l'absolution accordée par saint Grégoire VII à l'empereur Henri IV, au château de Canosse; tombeau d'Innocent XII. — *Chapelle du Saint-Sacrement.* C'est ici qu'après leur décès les Souverains Pontifes sont exposés pendant trois jours. Fresques de Pierre de Cortone; tombeau du pape Sixte IV; autel de Saint-Maurice; tombeau de Grégoire XIV et de Grégoire XIII; autel de Saint-Jérôme : copie en mosaïque du chef-d'œuvre du Dominiquin : *la Dernière Communion de saint Jérôme.* — *Chapelle grégorienne.* On y vénère, sous le titre de *Madonna del Soccorso,* une image de Madone qui date de l'an 1200. Devant celle-ci repose le corps de saint Grégoire de Nazianze. Tombeau de Grégoire XVI; autel de Saint-Basile; au dessous de l'arcade suivante, à droite, tombeau de Benoît XIV.

Le transept de droite a servi de salle de séances pendant le concile de 1870, et n'a pas été changé depuis. A côté de l'abside, l'autel de Saint-Wenceslas, mosaïque d'après Caroselli; l'autel des Saints-Processe et Martinien, et l'autel de Saint-Erasme; Martyre de ce saint, mosaïque d'après le tableau du Poussin.

On entre ensuite dans le prolongement du bas-côté de droite. Sous l'arcade à droite, tombeau de Clément XIII, par Canova; les deux lions qui sont à la base sont superbes. A gauche, l'autel de la Navicella, avec une mosaïque d'après Lanfranc; ensuite, à droite, l'autel de Saint-Michel;

copie en mosaïque du tableau du Guide; autel ne sainte Pétronille: on y remarque la plus belle mosaïque de la basilique, d'après le Guerchin. Sous l'arcade suivante, à droite, tombeau de Clément X et autel de Saint-Pierre et de Tabita.

Nef latérale gauche. — Autel des Saints-Pierre et Jean; tombeau d'Alexandre VIII; autel de Saint-Léon le Grand, sur lequel on voit entre deux colonnes de granit rouge un bas-relief représentant l'invasion d'Attila (le plus grand basrelief connu), par l'Algarde, longtemps vanté comme un prodige de l'art, mais sans style et sans goût. En avançant vers le transept, on voit à droite le tombeau d'Alexandre VIII, dernière et médiocre composition du Bernin; vis-à-vis, sur le revers du gros pilier, peinture à l'huile sur ardoise, par Vanini : *Chute de Simon le magicien.* C'est l'unique peinture à l'huile que possède la Basilique (autel des Saints-Pierre et Paul).

Transept de gauche. — Une abside et trois autels. Statue de sainte Julienne de Falconieri, fondatrice des Mantellates (servantes des malades). Sous cette statue est le confessionnal du Grand Pénitencier. Les pénitenciers à Rome sont des religieux, prêtres des différentes nations catholiques, attachés aux trois basiliques de Saint-Pierre, de Saint-Jean de Latran et de Sainte-Marie-Majeure. A Saint-Pierre, on confesse en italien, français, flamand, grec, allemand, espagnol, portugais, anglais, polonais et illyrien. La pénitencerie de la Basilique Vaticane est confiée aux Mineurs conventuels, celle de Saint-Jean aux Mineurs observantins, et celle de Sainte-Marie-Majeure aux Dominicains. Ces religieux sont munis d'une longue baguette dont ils frappent légèrement la tête des passants qui le demandent. Soixante jours d'indulgence sont attachés à cet acte d'humilité, lorsqu'on l'accomplit dans les dispositions nécessaires. Il est clair que cette cérémonie ne remet pas les péchés mortels, ainsi qu'on se l'imagine par ignorance. Les péchés ne peuvent être remis que par l'absolution sacramentelle.

Sur le premier autel, à droite, saint Thomas, apôtre; devant l'autel du milieu, le tombeau du grand musicien Palestrina. La mosaïque représente le Crucifiement de saint Pierre. A gauche, saint François, d'après le Dominiquin. Sous l'arcade suivante, à droite, l'entrée de la sacristie. Au dessous, tombeau de Pie VIII. A gauche, la mort d'Ananie et de Saphire. Nous arrivons ensuite à la *Chapelle Clémentine*; sur l'autel de droite, le tombeau de saint Grégoire le Grand; en face, tombeau de Pie VII, par Thorwaldsen, érigé par le cardinal Consalvi. Tournant à gauche, nous trouvons sous l'arcade de gauche une mosaïque reproduisant (en quadruple grandeur) *la Transfiguration* de Raphaël. Vis-à-vis, à droite, commence le

Bas-côté de gauche. — Sous la première arcade, à droite, tombeau de Léon XI, par l'Algarde; à gauche, tombeau d'Innocent XI, par Ch. Maratta. Ce bas-relief représente la Délivrance de Vienne par Sobieski. — *Chapelle du chœur des chanoines de Saint-Pierre*: sur le pavement, pierre tumulaire de Clément XI; sur l'autel, mosaïque, d'après le tableau de *l'Immaculée Conception* de P. Bianchi. En sortant de cette chapelle, on voit sous l'arcade le tombeau d'Innocent VIII, beau monument en bronze. C'est en regard de ce tombeau qu'on place le cercueil de chaque pape à sa mort, jusqu'à ce que le monument funéraire soit terminé.

A droite, Chapelle de la Présentation. Sous l'arcade qui suit, tombeau de Clémentine Sobieski Stuart, veuve de Jacques III, morte à Rome, en 1745. Vis-à-vis, tombeau de Jacques III, roi d'Angleterre, et de ses deux fils, le prétendant Charles-Édouard et Henri, cardinal d'York, par Canova. Dans la dernière chapelle (la première à gauche, en entrant dans la basilique), fonts baptismaux ornés d'une urne en porphyre, qui formait le couvercle du tombeau de l'empereur Adrien. Mosaïques d'après Moratta, Passeri, A. Procaccini.

SACRISTIE. — (Entrée par le portail de marbre gris ; la visiter de préférence de 9 heures à 11 heures.) Construite par Pie VI (1755), elle se compose de trois chapelles. A l'entrée, statues de saint Pierre et de saint Paul ; en face, statue colossale de saint André. Au milieu est la sacristie commune, octogone, avec huit colonnes de marbre gris provenant de la villa Adriana ; à gauche, sacristie des Chanoines ; tableau de Jules Romain : *la Vierge, l'Enfant Jésus et saint Jean* ; on entre de là dans la salle capitulaire. A droite, la sacristie des Bénéficiers ; à côté, le Trésor de Saint-Pierre, renfermant des objets précieux, des candélabres de Cellini et de Michel-Ange, la dalmatique que portait Charlemagne à son couronnement ; au dessus, les archives de Saint-Pierre.

GRANDE NEF. — Statues de sainte Thérèse, de saint Pierre d'Alcantara, saint Vincent de Paul, saint Camille de Lellis, saint Philippe de Néri, saint Ignace de Loyola, saint François de Paule et saint Pierre. Nous parlons plus haut de cette dernière statue ; elle fut érigée par saint Léon, avec le bronze fourni par la statue de Jupiter Capitolin. Tous les fidèles, évêques, cardinaux, papes, quand ils visitent la Basilique Vaticane, vont d'abord baiser le pied de la statue.

COUPOLE. — Dans les immenses piliers qui soutiennent cette gigantesque construction, on a placé quatre statues colossales : saint Longin, sainte Hélène, sainte Véronique et saint André. Aux triangles de la coupole, sont les quatre évangélistes ; ils mesurent trois mètres : la plume de saint Luc a six pieds.

GROTTES VATICANES. — Pour entrer dans les cryptes vaticanes, on descend un escalier qui se trouve à gauche de la statue de sainte Véronique. On arrive d'abord aux grottes nouvelles. C'est ici l'endroit le plus vénérable de la Basilique, l'autel où reposent les restes des Saints Pierre et Paul. On prend l'hémicycle à droite; là se présentent : 1° la Chapelle *del Salvatorino;* 2° celle de *Santa Maria in Portico;* 3° celle *delle Partorienti.* En sortant de là, on arrive aux *Grotte vecchie;* elles sont divisées en trois nefs : 1° *Nef latérale droite* en se dirigeant vers la place Saint-Pierre : autel du Sauveur, inscription de la donation faite par la comtesse Mathilde; édicule de la Sainte Vierge et de l'Enfant Jésus; tombeaux du cardinal Braschi, de saint Grégoire V et de l'empereur Othon II; — 2° *Nef du milieu*: tombeau de Pie VI; autel du Sauveur; tombeau de Christine de Suède; au fond, statue provenant du tombeau d'Alexandre VI; — 3° *Nef latérale droite* en remontant vers la Confession : Urne de granit rouge du pape Adrien IV; tombeaux de Pie II, Pie III, Boniface VIII, Nicolas V, Paul II, Jules III, Nicolas III, Urbain VI, Innocent VII, Marcel II, Innocent IX; salle d'Agnésine Colonna; autels de Saint-Longin et de la Sainte Vierge.

L'Ascension de la Coupole se fait le jeudi matin de 8 heures à 10 heures. — Pour entrer, frapper à la porte dans le bas-côté de gauche. Huit escaliers commodes de 142 degrés conduisent jusqu'au toit.

A mi-hauteur, s'ouvre la porte qui conduit au portique supérieur, au milieu duquel est la *loggia* de la bénédiction. Arrivé à l'immense plateforme, on voit, outre la grande coupole qui vous domine encore de 94 mètres, six autres coupoles ovales et quatre octangulaires. Autour de la plate-forme règne une balustrade d'où la vue plonge sur la place de Saint-Pierre. Différents escaliers vous conduisent alors à une galerie intérieure au dessus de l'inscription TU ES PETRUS. On fait le tour de cette galerie; puis, comme la coupole est double, on s'avance entre les deux calottes pour arriver à une nouvelle galerie intérieure. C'est ordinairement de là qu'on mesure en tremblant l'effrayante hauteur du monument. Vient ensuite une balustrade extérieure au pied de la seconde coupole, dont on peut faire également le tour et d'où l'on jouit d'un spectacle unique. Rome, la campagne romaine, les monts Albains, la Méditerranée, sont à vos pieds. Au dessus du dernier dôme est un escalier de fer en limaçon, et à celui-ci succède une échelle en fer à peu près perpendiculaire, très étroite, qui vous laisse enfin pénétrer dans la boule de bronze. Cette boule a 2^m,43 de diamètre et peut contenir seize personnes. De Brosses raconte que deux moines espagnols, qui se trouvaient dans la boule de Saint-Pierre lors de la secousse de 1750, eurent une telle peur que l'un d'eux mourut sur place.

Saint-Jean de Latran. — La basilique de Saint-Jean de Latran est considérée comme le siège du patriarcat romain. Quand le pape est élu, il vient à Saint-Jean de Latran prendre possession de son siège comme évêque de Rome. L'inscription suivante consacre cette primauté : *Sacrosancta lateranensis ecclesia omnium urbis et orbis ecclesiarum mater et caput.* Dans la procession de la Fête-Dieu, le clergé de Latran a le pas sur celui de Saint-Pierre.

Lorsqu'on pénètre à l'intérieur, dit M. Letarouilly, on est d'abord frappé par la magnificence et la majesté de la grande nef; mais bientôt l'œil plus attentif ne rencontre que bizarreries dans les détails des frises et des architraves interrompues, des croisées mesquines et incorrectes, des niches à frontons anguleux, arrondis et éversés. Quelque répulsion que l'on ait pour ces extravagances, on ne peut cependant s'empêcher de reconnaître que, si l'étude des détails eût répondu au grandiose de la disposition, l'œuvre de Borromini eût été justement classée parmi les monuments dont Rome peut s'enorgueillir. Clément XI

y plaça les statues colossales des douze Apôtres,
et enfin Clément XII, en 1734, couronna l'œuvre
en faisant élever par Galilei la façade orientale
de la Basilique et de la chapelle de Saint-André
Corsini.

La balustrade de la façade est percée de cinq
arcades; dans celle du milieu est la *loggia* d'où
le Pape donne la bénédiction apostolique le jour
de l'Ascension. Sous le portique, à gauche,
STATUE ANTIQUE, en marbre, de Constantin. Cinq
portes donnent accès à la Basilique; la première
à droite est celle du Jubilé; celle du milieu est en
bronze et provient de la basilique Émilienne au
Forum. L'intérieur est en croix latine à cinq nefs.

NEF LATÉRALE DROITE. — *Chapelle Orsini.*
Derrière le premier pilastre de la grande nef,
fresque par Giotto. — *Chapelle Torlonia* : riche-
ment décorée par la famille des ducs de ce nom.
Descente de la Croix, en bas-reliefs, par Tenerani.
— *Chapelle des princes Massimi*, dessinée par
Jacques della Porta. *Notre-Seigneur attaché à la
Croix*, par del Sermoneta.

NEF LATÉRALE GAUCHE. — *Chapelle Aldobrandini.*
Quatre colonnes cannelées en bronze doré soutiennent l'architrave et le fronton de même
métal. On croit qu'elles proviennent du temple
de Jupiter Capitolin, et qu'Auguste les fit fondre
des rostres en airain qui décoraient les vaisseaux
à la bataille d'Actium. — *Chapelle Lancellotti,*
consacrée à saint François d'Assise : tombeau du
cardinal Casanate. — *Chapelle Corsini*, en forme
de croix grecque, la plus belle de cette basilique,
bâtie par Clément XII. Sur l'autel, entre deux
colonnes de vert antique, mosaïque d'après Guido
Reni, représentant saint André en prières. A
gauche, le tombeau de Clément XII.

GRANDE NEF. — Dans les entre-pilastres, douze
niches à frontons supportées par des colonnes
de vert antique; elles sont occupées par des
statues colossales des Apôtres, en marbre, qui

ont coûté chacune 27,000 francs; derrière chaque
Apôtre est peinte une porte entr'ouverte, image
des portes de la Jérusalem céleste. Au dessus des
niches sont des bas-reliefs en stuc présentant
d'un côté des figures de l'Ancien Testament,
relatives au Messie; de l'autre, les faits de l'Évan-
gile qui en sont l'accomplissement; au dessus des
bas-reliefs, les Prophètes.

Le BALDAQUIN du maître-autel supporté par
4 colonnes de granit. On conserve dans cet autel
la table en bois sur laquelle saint Pierre célébrait
les saints mystères et que le pape Sylvestre retira
des catacombes. Cet autel est appelé *papal*, parce
qu'il n'y a que le Souverain Pontife qui puisse y
célébrer. On y conserve un nombre considérable
de précieuses reliques, entre autres les têtes des
saints Pierre et Paul retrouvées en 1367 par
Urbain V, lorsqu'il fit la reconnaissance des
reliques de l'oratoire *Sancta Sanctorum*.

L'ABSIDE est décorée d'une grande mosaïque
exécutée par Jacques de Torrita et frère Jacques
de Camerino vers la fin du XIIIᵉ siècle et terminée
dans le XIVᵉ par Gaddo Gaddi. C'est une œuvre
monumentale et d'une rare magnificence, dit
M. Vitet; on y voit évidemment les signes d'un
art plus avancé, quelque chose de mieux conçu,
de mieux disposé, de plus souple, que dans les
meilleures peintures à nous connues de Cimabué,
de ses émules et de Gaddo Gaddi lui-même.

Derrière le chœur règne un pourtour qui a
reçu le nom de *Portique léonin*, ainsi nommé de
saint Léon Iᵉʳ. On y rencontre l'*Autel du Crucifix*,
image en bois sculpté, attribuée à Giotto; de
chaque côté, la statue de saint Pierre et de saint
Paul du Xᵉ siècle. Un peu plus loin s'ouvre le
petit sanctuaire où l'on conserve, derrière des
grilles de fer et sous de larges feuilles de cristal,
la *Table sur laquelle Notre-Seigneur célébra la dernière cène*, et institua la Très Sainte Eucharistie.
Le Trésor des reliques, reconnues authentiques,

de Saint-Jean de Latran possède encore un bras de sainte Hélène, une partie du cerveau de saint Vincent de Paul, du sang de saint Charles Borromée, la coupe dans laquelle, par ordre de Domitien, le poison fut présenté à l'apôtre saint Jean, une partie de la chaîne qui le liait lorsqu'on l'amena d'Ephèse à Rome, et une partie du vêtement de pourpre dont Jésus-Christ fut habillé par dérision. Près de la chapelle du Saint-Sacrement est le chœur d'hiver des chanoines. « Les souve-
» rains de France font partie de ce corps ecclé-
» siastique par droit de naissance et y ont une
» stalle qui leur est réservée, depuis qu'en 1595,
» après sa conversion, le roi Henri IV fit don à la
» basilique de la riche abbaye de Clérac en Gas-
» cogne. La Révolution française ayant foulé ce
» droit aux pieds, les Bourbons le revendiquèrent
» sous la Restauration ; Louis-Philippe le méprisa ;
» Napoléon III le revendiqua et un bref du Saint-
» Siège le remit en pleine possession de cette
» dignité. » La statue équestre, en bronze, de Henri IV par Cordier, que l'on voit au fond du portique latéral, est un monument de la reconnaissance du chapitre (De Bléser).

Le Cloitre est une magnifique création du XII° ou XIII° siècle. On conserve dans les galeries du cloître un assez grand nombre de reliques sur l'authenticité desquelles la Congrégation des rites ne s'est jamais prononcée ; par exemple la plaque de porphyre sur laquelle, dit-on, les soldats ont joué, au Calvaire, les vêtements de Notre-Seigneur, — la colonne fendue du temple de Jérusalem, — celle de la maison de Pilate, du haut de laquelle la sentence de mort du Sauveur fut annoncée au peuple, le puits de la Samaritaine, le baldaquin de marbre soutenu par quatre colonnes de cinq à six pieds de hauteur et indiquant la hauteur de la taille du divin Rédempteur ; enfin un antique siège pontifical.

Baptistère de Saint-Jean de Latran, bâti par

Constantin. Il est de forme octogone; à l'intérieur, huit colonnes de porphyre soutiennent une
architrave antique. Le pavé est en marbre et l'on
descend par trois marches aux fonts baptismaux
formés d'une urne en basalte vert dont le
couvercle est orné de bas-reliefs en métal doré.

La Scala santa (l'Escalier saint) est l'escalier
du palais de Pilate à Jérusalem que Notre-Seigneur monta et descendit quatre fois dans la
matinée du jour de sa Passion; on le monte à
genoux et de nombreuses indulgences sont
attachées à cet acte de dévotion; de chaque côté
il y a deux autres escaliers en *pipernio* par lesquels redescendent ceux qui ont monté celui du
milieu.

Quand on a gravi les saints escaliers, on arrive
au sanctuaire, Sancta Sanctorum, ancien oratoire
particulier des Souverains Pontifes qui l'ont
enrichi d'un grand nombre de reliques précieuses.
On y vénère la célèbre image de Notre-Seigneur,
de grandeur naturelle, peinte sur bois de cèdre
ou d'olivier et appelée *achiropoieta* (non faite de
la main de l'homme) et *sacra tavola*. Commencée
par saint Luc, suivant la légende, elle fut terminée par les anges.

Près de Saint-Jean de Latran est un autre
monument extrêmement intéressant et connu
sous le nom de Triclinium de saint Léon III. La
mosaïque qui décore cette abside représente, d'un
côté, le Christ remettant les clefs à saint Pierre
et le labarum à Constantin; de l'autre Charlemagne et Léon III, recevant l'un le laticlave des
empereurs, le second, le *pallium* des pontifes.

Sainte-Marie-Majeure. — Une des basiliques
ayant porte sainte (fermée et ne s'ouvrant qu'au
Jubilé); nommée *maggiore*, parce qu'elle est la
principale et la plus ancienne des églises consacrées à Rome à la Sainte Vierge; dite aussi
basilique libérienne, parce qu'elle fut fondée par
le pape Liberius.

L'extérieur de la basilique présente un grand bâtiment, en forme de carré long, mais à contours irréguliers. Les demeures canoniales qui y sont accolées lui donneraient plutôt l'apparence d'un palais que d'une église, si un clocher ne dominait sa façade, et si, du côté de l'abside, les deux grandes coupoles des chapelles Sixtine et Pauline ne rappelaient sa destination religieuse.

L'intérieur est d'un effet grandiose et monumental : il est composé de trois nefs.

Nef latérale droite. — Là repose la vénérable relique de la Crèche de notre Divin Rédempteur. La Crèche ne conserve plus sa forme primitive. Les cinq petites planches qui en formaient les parois sont réunies ensemble. Les plus longues peuvent avoir deux pieds et demi de longueur sur quatre ou cinq pouces de largeur; elles sont minces et d'un bois noirci par le temps. On ne l'expose aux regards des fidèles qu'une fois chaque année, le 24 décembre.

Au milieu de la chapelle Sixtine, est l'autel du Saint-Sacrement; à droite est le tombeau de Sixte-Quint, orné de quatre colonnes de vert antique. A côté se trouvent les statues de saint François d'Assise et de saint Antoine de Padoue. — Plus loin, le tombeau de saint Pie V, dont on conserve le corps dans une urne de vert antique, ornée de bronze doré. Son corps fut transporté ici de l'autel de Saint-André dans la Basilique Vaticane. L'architecture est la même que celle du tombeau de Sixte-Quint. Autel de Sainte-Lucie, consacré à cette sainte et aux saints Innocents, dont les reliques, jadis conservées dans la basilique de Saint-Paul, ont été transportées en ce lieu par Sixte-Quint. Le sarcophage qu'on y voit est du IV° siècle. A l'extrémité de cette nef est le tombeau du cardinal Gonzalve Rodriguez.

Nous passons devant le maître-autel pour nous rendre immédiatement à la **Chapelle Borghèse** dédiée à la Sainte Vierge, et érigée en 1611, par

Paul V (Borghèse). Au fond de la chapelle est une urne de lapis lazuli.

. Quatre superbes colonnes de jaspe oriental, à cannelures dorées, avec bases et chapiteaux de bronze doré également, soutiennent un entablement dont la frise est d'agate, ainsi que les piédestaux des colonnes. L'image miraculeuse de la Vierge, attribuée à saint Luc, placée sur un énorme fond de lapis et dominée par le symbole du Saint-Esprit, est enchâssée dans un cadre d'améthyste à marges de vermeil, enrichies de rubis, d'émeraudes, de topazes et de grenats.

Les auteurs ne sont pas d'accord sur le temps auquel elle a été déposée à Sainte-Marie-Majeure. Quelques écrivains croient que ce fut au moment même de la fondation de la basilique par Libère; d'autres affirment qu'on l'y plaça au ve siècle, lorsque Sixte III fit reconstruire l'édifice. Quoi qu'il en soit, il est avéré au moins que, depuis quatorze siècles, elle est l'objet d'une grande vénération de la part des souverains pontifes, du peuple de Rome et des étrangers. Une foule d'éclatants miracles, authentiquement constatés, ont imprimé une sanction divine à cette dévotion.

Entre la corniche et la coupole, fresques de Guido Reni. Sous la chapelle est le caveau de la famille Borghèse ; Paul V y repose. Avant de mourir, il dota ce sanctuaire de revenus suffisants pour l'entretien d'un clergé composé d'un prieur chapelain et de onze autres chapelains, et il y institua à perpétuité le chant des litanies du samedi.

GRANDE NEF. — Le plafond de la grande nef dessiné par San Gallo a été doré au moyen du premier or venu d'Amérique.

42 colonnes ioniques en marbre et en granit supportent l'architrave. Au dessus de l'architrave, et sur l'arc de triomphe, il y a une série de mosaïques du ve siècle représentant des scènes de l'histoire sainte; elles sont des plus intéres-

santes. Celles de l'arc paraissent avoir rapport à la maternité divine de Marie, l'Annonciation, l'enfance de Jésus, le massacre des innocents. Sur les parois latérales, on voit à gauche l'histoire d'Abraham, d'Isaac et de Jacob; à droite, celles de Moïse et de Josué. Le maître-autel devant l'arc triomphal est de porphyre antique. Il renferme le corps de saint Mathieu, apôtre. La Confession a été construite par S. S. Pie IX pour lui servir de sépulture (1).

Saint-Paul Hors-des-Murs. — Cette basilique a été construite à l'endroit où sainte Plantille s'était rendue pour voir passer l'Apôtre des nations, marchant au dernier supplice. Quand saint Paul la vit répandre des larmes, il lui demanda son voile pour s'en couvrir les yeux au moment de la décollation, lui promettant qu'il lui serait fidèlement rendu. Tout près est la CHAPELLE DE LA SÉPARATION. Sortis de la prison Mamertine, saint Pierre et saint Paul firent quelque temps route ensemble, se séparèrent après s'être donné le baiser d'adieu. Saint Pierre se dirigea vers le Janicule, saint Paul vers les *Eaux Salviennes*.

Construit en 388 par Valentinien II, cet édifice était, avant le grand incendie de 1823, une des plus belles églises de Rome. Léon XII en entreprit la reconstruction; le transept et le maître-autel furent consacrés par Grégoire XVI. Pie IX fit le reste et consacra tout l'édifice le 10 décembre 1854. L'entrée la plus ordinaire de l'église est par la porte latérale qui donne sur la route d'Ostie. Dans la salle où l'on arrive d'abord, on remarque une statue colossale de Grégoire XVI et quelques fresques du XIIIᵉ et du XIVᵉ siècle.

L'intérieur du nouveau temple est toutefois moins imposant que celui de la vieille basilique

(1) Pour cette description de Sainte-Marie-Majeure, ainsi que pour celle des autres basiliques, nous avons suivi le savant chanoine Bleser.

d'Honorius. Il est divisé en cinq nefs par 80 colonnes de granit du Simplon, d'ordre corinthien.
Le plafond est à caissons dorés sur un fond
d'argent.

A l'extrémité de la grande nef, on voit les statues de saint Pierre et saint Paul. Vient ensuite la
Confession de saint Timothée, dont les restes sont
déposés sous l'autel. Un peu plus loin est le maître-autel papal, au dessus duquel s'élève un baldaquin en style gothique. Les colonnes du baldaquin sont un don du roi d'Egypte Mehemet-Ali;
leurs bases sont en malachite. Ce dernier marbre
fut offert par Nicolas Ier, empereur de toutes les
Russies. Il serait difficile de se faire une idée de
la richesse de cet autel. On y conserve le corps
de l'Apôtre des nations, moins la tête qui fait
partie du trésor de Saint-Jean de Latran.

Dans le transept (côté nord) statue de sainte
Scholastique; chapelle de Saint-Laurent qui sert
de chœur aux religieux bénédictins desservant la
basilique.

ABSIDE. — Les murs sont incrustés de marbre
vert avec des pilastres de brèche violette: quatre
colonnes de cette brèche précieuse soutiennent
une riche corniche de marbre blanc. Au centre
est le siège pontifical. Grégoire XVI a fait rétablir
dans la voûte l'ancienne mosaïque qui la décorait.
Le même transept est encore orné d'une autre
mosaïque, reproduction de l'*Arc de Placidie*,
œuvre du vᵉ siècle, et qui avait été complètement
détruite dans l'incendie de 1823.

CHAPELLE DU CRUCIFIX. — Ce crucifix est l'objet
d'une grande vénération de la part des fidèles, qui
viennent particulièrement le visiter le Vendredi
Saint et le premier jour de chaque mois.

L'ancienne basilique possédait les portraits en
mosaïque de tous les papes; quarante de ces
mosaïques échappèrent au désastre de 1823. De
nouveaux portraits ont été placés depuis au
dessus de l'entablement dans la grande nef.

Plusieurs d'entre eux n'ont pas de caractère vigoureusement tracé. La façade est en voie d'achèvement.

A côté est le CLOITRE qui ressemble beaucoup à celui de Saint-Jean de Latran ; il date de l'an 1820. On y voit gisant çà et là des débris précieux de l'ancienne basilique.

Saint-Laurent Hors-les-Murs. — (Sur la route de Tivoli, à droite.) Cette basilique s'élève à la place d'une église construite par Constantin sur les tombeaux de saint Laurent et de saint Cyriaque, rebâtie par Pelage II, et modifiée par Honorius III. De 1864 à 1870, elle a été soumise à une restauration complète.

Sur la place Saint-Laurent s'élève une colonne de granit égyptien, provenant de la basilique de Saint-Paul, surmontée d'une statue en bronze, représentant saint Laurent. La façade qui s'élève au dessus du portique a été décorée de nouvelles fresques sur fond d'or.

Sous le portique se trouvent deux tombeaux en forme de chapelles et deux magnifiques sarcophages ; tous les quatre en marbre.

L'intérieur est divisé en trois nefs soutenues par 22 colonnes ioniques. Parmi les chapiteaux qui les surmontent, deux ont entre leurs volutes un lézard et une grenouille, en grec *Sauros* (Σαῦρος) et *Batrachos* (Βατραχος), signatures de deux architectes grecs auxquels on avait défendu de signer leur nom. A droite en entrant, à côté de la grande porte, sarcophage antique représentant une cérémonie nuptiale. Il sert de tombeau au cardinal Fieschi, neveu du pape Innocent IV. Dans la nef du milieu, deux anciens ambons ; un peu plus loin, chapelle au fond de laquelle est placée la statue de saint Laurent.

La partie souterraine de l'abside a été restaurée. Dans cette partie de l'église de Saint-Laurent, on rencontre des portiques qui sont séparés du milieu par des colonnes latérales cannelées. Ces colonnes s'élèvent dans le chœur supérieur et soutiennent les galeries destinées aux femmes.

Deux portes donnent accès à la catacombe de Saint-Cyriaque, l'une dans l'église souterraine, et l'autre dans la basilique elle-même. Après avoir franchi cette dernière porte, on arrive à une chapelle où l'on dit la messe. En se plaçant devant la chaire épiscopale du fond de l'abside et en regardant la grande porte d'entrée, on a devant soi une belle mosaïque du vi siècle.

Le grand arc qui fait face à la porte d'entrée a été enrichi de nouvelles fresques. Près de la grande porte d'entrée et faisant pendant au monument du cardinal Fieschi, se trouvent les fonts baptismaux. Au dessus, peintures anciennes représentant la vie et le martyre des saints Laurent et Sixte.

A côté du chœur, se trouve un beau cloître qui renferme de nombreuses inscriptions anciennes.

Près de cette basilique est le nouveau cimetière de Rome ; tout autour sont les stations du Chemin de la Croix. De tout temps les Romains ont eu une dévotion extrême pour cette basilique de Saint-Laurent ; la foule s'y foule s'y porte surtout les mercredis de très grand matin, afin d'y faire célébrer des messes pour les défunts.

Sainte-Agnès Hors-les-Murs, bâtie par Constantin sur le tombeau de sainte Agnès ; elle a été reconstruite par Honorius Ier (638), modifiée en 1490 et restaurée par Pie IX (1856). Le 21 janvier on bénit, dans cette basilique, les agneaux dont la laine doit servir à la confection des *palliums*. La veille de la fête de saint Pierre et de saint Paul, on place tous les palliums sur le tombeau des saints Apôtres, et le lendemain, on les confie aux chanoines sacristains de Saint-Pierre.

On arrive à l'église par un large escalier. A droite et à gauche, les murs sont couverts d'inscriptions extraites des Catacombes ; l'édifice est à trois nefs, séparées par 16 colonnes antiques d'ordre corinthien. Un second rang composé également de 16 colonnes, mais moins grandes, supporte la voûte et forme la galerie supérieure, destinée aux femmes *(gynécée)*. Entre le premier et le second rang, on a peint en mosaïque les portraits des principaux bienfaiteurs de la basilique ; et, entre les fenêtres, apparaissent les vierges chrétiennes qui ont versé leur sang pour la foi. La voûte est d'une richesse extrême et ornée de bas-reliefs représentant sainte Cécile, sainte Agnès et sainte Suzanne. Dans la deuxième chapelle à droite, il y a une tête du Sauveur qu'on dit avoir été sculptée par Michel-Ange. La chapelle à gauche possède une antique image de la Mère de Dieu. Les corps de sainte Agnès et de sainte Emérantienne, sa sœur de lait, reposent sous le maître-autel.

Le baldaquin (de 1614) a quatre belles colonnes de porphyre ; en dessous, une statue de sainte Agnès en albâtre : c'est une œuvre antique restaurée. Dans l'abside, mosaïques remarquables du viie siècle (sainte Agnès entre les papes Honorius et Symmaque). A droite, dans la deuxième chapelle, bel autel en mosaïque, et au dessus un bas-relief de 1430. Sur l'autel de la chapelle du bas-côté de gauche, une belle fresque ancienne : la sainte Vierge allaitant l'Enfant Jésus.

Dans une visite que S. S. Pie IX fit au couvent et à la basilique de Sainte-Agnès en 1864, le plancher, qui supportait toute l'assemblée, vint tout à coup à s'écrouler avec un fracas épouvantable, sans néanmoins faire aucune victime. Sa Sainteté voulant témoigner à Dieu sa reconnaissance pour avoir échappé à un si grand danger, ordonna la restauration de la basilique aux frais de sa cassette particulière. Chaque année, le 12 avril, on célèbre solennellement l'anniversaire de cet événement, qui coïncide avec la date du retour de Gaëte et que rappelle une fresque de la basilique.

Sainte-Marie de la Minerve. — Bâtie sur les ruines du temple de Minerve érigé par Pompée, elle est la seule église en style ogival que Rome possède. Commencée par l'architecte de Sainte-Marie-Nouvelle de Florence (en 1285) elle a été restaurée et peinte de 1848 à 1855 sur les dessins du Père Jérôme, dominicain.

La nef est éclairée par en haut au moyen de rosaces à verres de couleur. La voûte et les murailles sont décorées d'ornements en style gothique peints sur fond d'azur. La plupart des médaillons représentent des saints de l'ordre de Saint-Dominique ; le reste est consacré aux prophètes, aux évangélistes et aux docteurs.

Au mur de l'entrée, à droite, tombeau du chevalier Dictisalvi de Florence. — Dans le bas-côté de gauche, tombeau de François Tornabuoni, par Mino de Fiesole ; au dessus, celui du cardinal Tebaldi ; sur l'autel, un Christ par le Pérugin. Dans la 5ᵉ chapelle, monument de la princesse Lante, à droite. — Dans le bas-côté de droite, près du pilier, sarcophage grec antique. Dans la 4ᵉ chapelle, chapelle de l'Annonciation : tableau sur fond d'or, attribué à Frà Angelico, mais plus probablement œuvre de Benozzo Gozzoli. Dans ce tableau figure le portrait du cardinal Torrecremata, fondateur de la confrérie instituée, en 1460, pour fournir des dots aux jeunes filles pauvres de la ville. Même chapelle, tombeau d'Urbain VII ; 5ᵉ Chapelle (Aldobrandini) : sur l'autel, *la Cène* par Barocci. On y remarque d'un côté, à gauche, le tombeau de la mère de Clément VIII ; à droite le tombeau du père du même pontife et la statue de Clément VIII. Dans le transept de droite, chapelle du Crucifix avec une image de Notre-Seigneur crucifié attribuée à Giotto. Le fond du transept est occupé par la Chapelle de Saint-Thomas d'Aquin ; sur l'autel, tableau de Filippino Sippi représentant la sainte Vierge, saint Thomas et le cardinal Carafa, et, dans la voûte, fresque de Rafaelino del Garbo représentant des sibylles et des anges. A droite de l'autel, grande composition de Filippino : *le Triomphe de saint Thomas* ; à gauche, le tombeau de Paul IV.

Dans le même transept, tombe en style ogival de G. Durand (XIIIe siècle) évêque de Mende, et mosaïque représentant la Vierge Marie assise avec l'enfant Jésus dans ses bras.

Chapelle du Rosaire : sur les murs, histoire de sainte Catherine de Sienne, fresques de Jean de Vecchi. La Vierge qui est sur l'autel appartient à une ancienne école, et non à Frà Angelico, comme quelques-uns le croient. Maître-autel consacré à sainte Catherine de Sienne et qui renferme le corps de cette sainte. Restauré en 1856, il contient les restes de la servante du Seigneur. Dans le chœur, tombeau de Clément VII et de Léon X, par Bandinelli. Sur le sol, pierre tumulaire du docte cardinal Bembo devant le maître-autel ; il contient à gauche, le Christ, de Michel-Ange, statue en marbre, remarquable peut-être comme étude anatomique, mais où nous cherchons vainement, dit le chanoine de Bleser, une trace de sentiment religieux. Le pied a été garni d'une chaussure de bronze pour qu'il ne fût pas usé par les pieds des fidèles. Dans le vestibule qui longe le chœur, se trouve la tombe d'un des plus grands artistes chrétiens, Frà Angelico. Derrière l'autel de la Sacristie se trouve une chapelle ornée d'anciennes peintures du Pérugin et formée des parois de la chambre où mourut sainte Catherine de Sienne.

C'est le cardinal A. Barberini qui fit enlever ces parois en 1637, mais le plafond est resté intact au lieu primitif et les murailles y ont été réparées. Par conséquent, la véritable chambre de la sainte se trouve encore là où elle a vécu, là où elle est morte. — Chapelle de saint Dominique. On vénère sur l'autel l'image miraculeuse de saint Domini-

que de Suriano. — Autel de saint Pie V. On y
conserve le corps de sainte Victoire. — Chapelle
Maffei : à droite de l'autel, statue de saint Sébastien par Mino da Fiesole. — Chapelle Naro : on y
vénère une image miraculeuse de la Sainte Vierge
sous le titre de *Consolatrice des affligés*.

. A gauche de l'église est ou plutôt était le couvent des Pères Dominicains. Le ministre des
finances y a installé ses bureaux et n'a laissé
qu'un petit bâtiment aux religieux. Les parois du
cloître sont décorées de fresques représentant le
Sommeil de saint Dominique, l'Annonciation de la
Sainte Vierge, la Visitation, la Naissance du Sauveur, la Purification, Jésus trouvé dans le Temple,
et la Bataille de Lépante. Par un escalier voisin
de la sacristie, on monte à la Bibliothèque Casa-
natese ou de la Minerve, la plus considérable de
Rome, après celle du Vatican. Elle se compose de
200,000 volumes et de 1,000 manuscrits.

L'Eglise-Sainte Marie du Peuple fut, dit-on,
construite en 1099 par Pascal II à la place des
tombeaux des Domitiens. Complètement rebâtie
en 1471, par Sixte IV, embellie par Jules II, elle
fut restaurée par Alexandre VII. C'est dans le
couvent des d'Augustins, qui lui est joint, que
Luther habita, lors de son voyage à Rome, et qu'il
célébra les saints mystères pour la dernière fois.

L'église a trois nefs, un transept et une
coupole octogone. De nombreuses œuvres d'art
la décorent, surtout de beaux monuments
funéraires du xv° siècle.

NEF LATÉRALE DE DROITE. — Chapelle des Venuti :
sur l'autel, *la Nativité*, par le Pinturicchio. D'un
côté se trouve le tombeau du cardinal Christophe
della Rovere et de l'autre celui du cardinal de
Castro. — Chapelle des Cibo : ornée de seize
colonnes de jaspe de Sicile et revêtue des marbres les plus rares ; une des plus belles chapelles
de Rome. Sur l'autel, *la Vierge Immaculée*, par
C. Morotta; sous l'autel, une urne qui renferme

le corps de sainte Faustine. Plus près de l'autel, à gauche, est le tombeau de Laurent Cibo, et à droite, celui d'Alderano Cibo, qui fit orner la chapelle. — La chapelle de la Vierge est couverte de peintures par le Pinturicchio qui y a représenté Notre-Seigneur entre deux anges, la Visitation, les Fiançailles de la Sainte Vierge, etc — Chapelle de la Rovère et aujourd'hui des comtes d'Ingenheim : sur l'autel, bas-relief du xvᵉ siècle représentant sainte Catherine, saint Antoine et saint Vincent. A droite, tombeau de Marc Albertoni, et à gauche, tombeau du cardinal de Lisbonne. — Le maître-autel, où l'on conserve une image miraculeuse de la Sainte Vierge attribuée à saint Luc, est orné de quatre belles colonnes de marbre gris noirâtre. Dans le chœur, tombeau du cardinal Basso, neveu de Sixte IV, et vis-à-vis, tombeau du cardinal Sforzi, élevés tous les deux par Jules II, et œuvres remarquables d'A. Sansovino. La voûte du chœur est ornée de fresques du meilleur style dues au pinceau du Pinturicchio. Les vitraux peints, qui datent de l'époque de Jules II, ont été dessinés par Claude et Guillaume de Marseille, et ont pour sujet la vie de la Sainte Vierge. — Chapelle de la Sainte Vierge : tableaux par Annibal Carrache. Sur les côtés, le Crucifiement de saint Pierre et la Conversion de saint Paul sont des fresques de Michel-Ange Caravage. — Chapelle Chigi, dédiée à Notre-Dame de Lorette, bâtie et dessinée par Raphaël; c'est une des plus renommées de Rome. Elle est octogone et surmontée d'une petite coupole éclairée par une lanterne. La collection de Florence conserve une première esquisse de cette chapelle. Le tableau de l'autel — la Naissance de la Sainte Vierge — a été commencé par Sebastiano del Piombo et achevé par Salviati. Le devant d'autel est en bronze, avec des bas-reliefs exécutés par Lorenzetto. La voûte est couverte de mosaïques exécutées sur les dessins de Raphaël. Elles renferment, dans le rond du milieu, la figure du Créateur entourée de huit champs, sur l'un desquels on voit un ange montrant du geste un globe céleste. Sur les autres champs, on voit le soleil (Apollon), la lune (Diane) et cinq planètes : Saturne, Jupiter, Mars, Vénus, et Mercure, conduites par des anges dans leur révolution autour de la terre. Des statues, Raphaël ne termina que le *Jonas* et ne toucha point à l'*Elie* que le sculpteur Lorenzetto avait ébauché. Plus tard le Bernin fit placer dans deux autres niches les statues de *Daniel* et d'*Habacuc*. L'immense pyramide qui sert de tombeau à Sigismond et à Augustin Chigi, est du même maître. — Monument de la princesse Chigi, née Odescalchi, et morte en 1771, par Paolo Posi. — Chapelle Pallavicini : sur l'autel, tableau de Rossi, le Baptême de Notre-Seigneur. Dans le corridor qui conduit à la sacristie, superbe bas-relief représentant la Sainte Vierge, sainte Catherine et saint Augustin. Dans la sacristie, magnifique Tabernacle qui ornait primitivement le maître-autel, et qui renfermait la peinture de la Madone miraculeuse.

Eglise Sainte-Marie in Trastevere, construite à l'endroit où une sorte d'huile sortit subitement de terre, au moment de la naissance de Jésus-Christ. Consacrée en 224, par le pape saint Calixte et dédiée à la Vierge Mère, elle fut rebâtie en 340 par saint Jules Ier, puis successivement restaurée par Grégoire II, Adrien Ier, Grégoire VI, Innocent II et Nicolas V.

La façade est ornée d'une mosaïque du XIIe siècle; la Vierge avec l'enfant Jésus, deux papes sur les côtés (Innocent III et Eugène III) et 10 vierges dont 8 avec des lampes éteintes, et 2 avec des lampes allumées. Sous le portique, on remarque différentes inscriptions antiques, païennes et chrétiennes. L'intérieur est formé de trois nefs, séparées par 21 colonnes de granit provenant d'un temple d'Isis et de Sérapis. Quelques-unes d'entre elles ont leurs chapiteaux ornés des images de ces divinités. Le pavé est formé de porphyre, de vert antique et d'autres marbres rares. Le Dominiquin a peint dans le plafond l'Assomption de la Sainte Vierge.

Nef transversale : Tombeaux des cardinaux Armellini et Osio, œuvres d'artistes inconnus. Au fond de cette nef latérale gauche, se trouve la Chapelle d'hiver des Chanoines, construite d'après les plans du Dominiquin, qui y a peint la figure d'un ange. Cette chapelle renferme la pieuse image vénérée sous le nom de la *Madonna dell' Umiltà* et de *Strada Cupa*.

Cette image se trouvait peinte sur le mur d'une vigne, dans la rue indiquée. Un pauvre, mais fervent chrétien du voisinage, la prit en dévotion dans le courant de l'année 1624. Il l'ornait de fléurs avec soin, il y priait avec une confiance qui lui mérita des grâces, étendues bientôt à un grand nombre de personnes. Urbain VIII ayant fait constater juridiquement les guérisons et les autres faveurs sensibles obtenues par ce moyen, ordonna de transporter l'image avec grande pompe dans la basilique de Sainte-Marie in Trastevere. Bientôt les aumônes des fidèles servirent à fonder la chapelle. (Bleser.)

Le fond de l'abside est occupé par un siège épiscopal antique, au dessus duquel on lit : *Prima ædes Deiparæ dicata*. La voûte est décorée d'une belle mosaïque. La plus ancienne, du XIIe siècle, est dans le haut ; à l'arcade, la croix avec l'alpha et l'oméga ; au dessus, les symboles des évangélistes ; sur les côtés, Isaïe et Jérémie ; à la voûte, le Christ et la Vierge sur un trône ; à gauche, saint Calixte, saint Laurent, Innocent II ; à droite, saint Pierre, saint Corneille, saint Jules et saint Calepodius. Celles du bas, attribuées à Pierre Cavallini, représentent l'Agneau à nimbe cruciforme et les douze brebis partagées en deux groupes, sortant des villes saintes de Jérusalem et de Bethléem. Au milieu du mur, la Sainte Vierge avec saint Pierre, saint Paul et Stefaneschi, le donateur (1290). Voir aussi dans la sacristie une Vierge avec saint Roch et saint Sébastien, du Pérugin, et des fragments de mosaïque antique.

Chapelle du Saint-Sacrement : On y vénère une image miraculeuse sous le vocable de Notre-Dame de la Clémence. Dans le transept, tombe du cardinal d'Alençon, frère de Philippe le Bel. A la naissance des marches de porphyre qui montent au sanctuaire, on voit sur la droite dans le pavé une ouverture circulaire garnie d'une grille et dont l'orifice est revêtu de marbre blanc, au dessus duquel on lit : « *Fons olei*, Fontaine d'huile » ; et à côté : « *Hinc oleum fluxit, cum Christus Virgine luxit*. D'ici coula une fontaine d'huile lorsque le Christ naquit de la Vierge. » On conserve fixée au pilier, à côté de cette inscription, la pierre avec laquelle le pape Calixte fut précipité dans le puits où il consomma son glorieux martyre. Le saint pontife repose lui-même sous l'autel avec ses illustres successeurs saint Jules et saint Corneille. Au dessus de cette pierre, on en voit une autre tachée du sang de sainte Dorothée, martyre.

Sainte-Marie in Cosmedin (*S. Maria in Cosmedin*), s'élève sur l'emplacement d'un ancien temple de Cérès et Proserpine. Construite, dit-on, par Saint Denis, au IIIe siècle, elle a été restaurée au VIIIe par Adrien Ier qui lui donna la forme basilicale. L'église est à trois nefs, séparées par des colonnes antiques, et précédée d'un portique couvert d'inscriptions du moyen âge. La sacristie est à droite en entrant. On y montre un beau tableau en mosaïque, fragment d'une composition qui a dû être l'Adoration des Mages.

Le Maître-autel est composé d'une urne de granit rouge, et surmonté d'un baldaquin gothique que supportent quatre colonnes de granit rouge d'Egypte ; c'est un don du cardinal Gaëtani, neveu de Boniface VIII. On y vénère une image de la Sainte Vierge rapportée d'Orient pour la soustraire aux outrages des iconoclastes: elle porte la fameuse inscription grecque : Θεοτόκος αει Παρθενος, *Mère de Dieu toujours Vierge*. Le fond de la nef latérale gauche est occupé par l'Autel de N.-D. de Lorette. En sortant de cette chapelle, on rencontre l'escalier qui conduit à la crypte primitive. C'est là qu'on conserve le corps de sainte Cyrille, fille de l'empereur Dèce, ainsi que la pierre sur laquelle elle a été immolée. Le pavé de la grande nef supporte deux ambons du XIᵉ siècle.

On montre à Sainte-Marie *in Cosmedin* les chambres qu'habita pendant neuf ans le B. Jean-Baptiste de Rossi, chanoine de cette basilique, mort en 1764. Ces chambres, transformées en chapelle, renferment son confessionnal, son prie-Dieu, le crucifix devant lequel il priait, quelques lignes écrites de sa main, du linge imbibé de sang, et plusieurs objets qui lui ont appartenu.

Saint-Laurent in Damaso (*S. Lorenzo in Damaso*), à côté du palais de la Chancellerie, non loin de la place Navone. — Construite dans la forme basilicale à cinq nefs par le pape saint Damase, elle fut successivement restaurée par Adrien Iᵉʳ, saint Léon III, le cardinal Riario qui le remplaça par l'église actuelle, et en 1820 par Valadica.

Dans le vestibule, à droite, autel dédié à saint Nicolas ; dans la nef latérale droite, monument des princes Massimi ; puis la chapelle du chœur où l'on vénère un Christ miraculeux, lequel adressa, dit-on, la parole à sainte Brigitte. La 3ᵉ chapelle est dédiée aux martyrs ; puis vient la statue de saint Hippolyte, copie de l'antique statue de ce saint que l'on conserve au Musée de Latran. A côté est le monument élevé à la mémoire du comte Rossi, lâchement assassiné

en 1848. C'est un cénotaphe en style de la Renaissance. Dans le haut, un bas-relief représente
N.-S. Jésus-Christ; au-dessus est le buste de
l'homme d'État.

La sacristie est à côté du monument du comte
Rossi; on y admire une belle statue de saint
Charles Borromée par Étienne Maderne.

Saint-Augustin (*San Agostino*), sur la place de
ce nom, près de l'extrémité de la via della Scofa.
— Bâtie sur l'emplacement d'une petite église du
même nom, par Guillaume d'Estouteville, archevêque de Rouen. La coupole est la première que
l'on ait élevée à Rome ; elle date de 1580. L'intérieur est divisé en trois nefs. En entrant on
rencontre la Madonna del Porto, œuvre de Jean
Sansovino et statue en marbre de la Sainte
Vierge, objet d'une très grande dévotion. Le
chapitre de Saint-Pierre l'a couronnée solennellement le 2 juillet 1851, en action de grâces pour
la délivrance de Rome en 1849. Dans la nef latérale droite, autel du Crucifix ; l'image qu'on y
vénère est célèbre par les longues et ferventes
oraisons que saint Philippe de Néri avait cou-
tume d'y faire. Dans le transept, Maître-autel
dessiné par le Bernin et enrichi d'une antique
image de la Vierge. Cette image, honorée sous
le nom de Joie du Ciel, Secours du Monde, et
Soulagement du Purgatoire, a été apportée de
Constantinople peu de temps après la prise de
cette ville. — Autel de Sainte-Monique : le corps de
cette sainte y est conservé dans une magnifique
urne de vert antique. — Autel de N.-D. de Lorette :
tableau de Michel-Ange Caravaggio. Sur le troisième pilier à gauche de la grande nef, on
remarque une fresque célèbre de Raphaël représentant le prophète Isaïe ; il tourne la tête du
côté gauche et présente au spectateur une bande
de parchemin ornée d'une inscription hébraïque,
qu'il semble voir de ce côté.

Dans le couvent annexé à cette église (couvent

occupé maintenant par le Ministère de la marine),
se trouve la Bibliothèque Angelica, ainsi nommée
du cardinal Angelo Rocca qui en été le fondateur
en 1605. C'est la troisième de Rome ; elle possède
150,000 imprimés et 3,000 manuscrits, dont plusieurs sont syriaques, chinois et coptes. Elle est
ouverte de 8 heures du matin à 2 heures.

Saint-Clément (*San Clemente*), dans la rue de
ce nom qui va du Colisée à la basilique de Latran.
— On avait toujours cru que l'édifice supérieur
était la véritable basilique constantinienne. Les
fouilles opérées par le R. P. Mulloly, prieur des
dominicains irlandais desservant cette chapelle,
ont modifié cette opinion. Elles ont mis à jour
sous l'église trois sortes de constructions différentes : d'abord des premiers temps du christianisme, puis de l'empire romain, et enfin de la
république. La basilique dont parle saint Jérôme
est l'église basse actuelle. Un concile y fut tenu
en 417. Elle fut détruite lorsque, en 1084, Robert
Guiscard livra aux flammes tous les édifices qu'il
rencontra entre le palais de Latran et le Capitole.
Quant à la basilique supérieure, elle ne date
probablement, dit M. de Bleser, que du XIIᵉ siècle,
époque à laquelle on la trouve mentionnée comme
ayant été rebâtie par Pascal II (1099-1118). Les
plus anciens monuments qu'on y rencontre sont
les mosaïques de l'abside. Elles appartiennent à
la fin du XIIIᵉ siècle.

BASILIQUE SUPÉRIEURE. — Elle est précédée d'une
cour carrée (*atrium*), entourée de portiques que
soutiennent des colonnes de granit d'ordre ionique. Cette cour était réservée aux pénitents
publics qui ne pouvaient assister à toutes les
parties de l'office divin, et qui, obligés de rester
en plein air, s'appelaient pour cette raison
hiemantes.

Nef latérale droite : Chapelle dédiée à saint
Dominique. A côté est la sacristie, où l'on doit
s'adresser pour pouvoir visiter la basilique infé-

rieure. Crucifix objet d'une grande vénération.
— Chapelle du Saint-Sacrement : on y remarque,
à l'autel, l'image de saint Jean-Baptiste, par
Simone, frère de Donatello.

Nef latérale droite : Chapelle de Sainte-Cathe-
rine ou de la Passion : elle est ornée de magnifiques fresques dues au pinceau de Masaccio.

Nef du milieu : Les peintures de la voûte sont de
Chiari, et un don du pape Clément XI. Au milieu
de la nef est le chœur qui provient de la basilique
inférieure. Il est entouré de balustrades en marbre ; on y voit différents emblèmes et le monogramme du pape Jean VIII (872-882). A droite et
à gauche sont les *ambons* de marbre ; à côté de
celui de gauche, destiné à la lecture de l'Evangile, est une colonne en spirale qui sert de
candélabre pour le cierge pascal. Le *presbytérium*
ou sanctuaire est séparé du chœur par des marches et une clôture ajourée (*cancelli*). Au milieu
est l'autel surmonté d'un *ciborium*; sous l'autel,
on conserve les reliques de saint Clément et de
saint Ignace, évêque d'Antioche. Au fond de
l'hémicycle, s'élève sur trois degrés le siège
épiscopal (*cathedra*), où on lit le nom d'Anastase,
titulaire de cette église en 1108.

Dans l'abside, mosaïque du xiie siècle. Sur
l'arcade du milieu, le Christ avec les symboles
de l'Evangile ; à gauche, saint Paul et saint
Laurent; au dessus, Isaïe ; au dessus de celui-ci,
la ville de Bethléem ; à droite, saint Pierre et
saint Clément ; au dessus, Jérémie ; au dessus de
celui-ci, Jérusalem. Dans la bande qui forme le
soubassement de la voûte, Jésus-Christ, sous la
forme d'un agneau crucifié, et douze apôtres
représentés par deux groupes de six brebis, sortent de Bethléem et de Jérusalem. La bordure
est composée de fleurs et de fruits et a pour clef
le monogramme du Christ.

LA BASILIQUE INFÉRIEURE. — Un escalier conduit
de la sacristie à la basilique souterraine. Cette

église offre le plan des anciennes basiliques; les trois nefs ont été bâties sur d'anciennes substructions formées d'énormes blocs de travertin qui, d'après M. de Rossi, remontent au temps des rois de Rome et pourraient bien avoir été la maison de Tarquin le Superbe. D'autres ont voulu y voir des restes de la maison de Mécène ou de l'édifice de la Monnaie. Toute la basilique était ornée de fresques dont quelques-unes très bien conservées.

Nef latérale droite: Près de l'entrée, deux sarcophages anciens. Huit colonnes de marbres divers séparent cette nef du vaisseau principal. La paroi de la muraille offre plusieurs traces de peintures anciennes. La première représente toute l'histoire de sainte Catherine. Vers l'extrémité de cette nef, grande image de Notre-Seigneur bénissant; la tête en a été malheureusent détruite.

Nef latérale gauche: Le premier fragment de peinture que l'on rencontre faisait sans aucun doute partie du *Crucifiement de saint Pierre*. (De Bléser.) Dans le fragment voisin, on distingue saint Cyrille agenouillé devant l'empereur Michel; au mur d'à côté, saint Méthode conférant le baptême à un Slave. Près de là, est une autre fresque qui représente un pape, Léon IV, la tête ceinte d'un nimbe carré, tenant en main le livre des Évangiles. Ces dernières peintures sont donc du ix⁰ siècle. Deux pas plus loin est une tombe vide, en briques, que l'on croit avoir renfermé primitivement le corps de saint Cyrille.

Narthex: Cette partie de la basilique clémentine renferme plusieurs peintures du plus grand intérêt. La première représente Notre-Seigneur tenant de la main gauche un livre, et bénissant de la main droite, à la manière grecque, avec l'index, le médius et le petit doigt. De l'un et de l'autre côté, sont les archanges saint Michel, à gauche, et saint Gabriel, à droite; ils présentent deux prêtres, que l'on suppose être saint Cyrille et saint Méthode. A côté de ces prêtres, on remarque saint Clément et André.

La fresque qui occupe le milieu du *narthex* représente le prodige qui accompagna le martyre de saint Clément. Ce saint, après avoir été précipité dans la mer, y fut enseveli dans un tombeau de marbre construit par les anges. Le compartiment du milieu nous montre un enfant retrouvé par sa mère à l'autel de Saint-Clément, après avoir été englouti dans la mer et rejeté à la côte au bout d'un an. Le compartiment inférieur, séparé du précédent par une magnifique bande formée de feuilles, de fleurs, etc., contient un médaillon circulaire, qui représente la vénérable figure de saint Clément bénissant de la main droite, et portant de la main gauche un livre fermé. A droite du médaillon, on voit Benon de Rapiza debout, un cierge à la main. A gauche est son épouse, Maria, et devant celle-ci, son petit enfant, nommé Clément. Enfin la dernière fresque du *narthex* représente la translation des reliques de saint Cyrille du Vatican à Saint-Clément, sous le pontificat de Nicolas Ier.

Grande nef : Première fresque à gauche : Notre-Seigneur assis sur un trône. Au dessous, la sainte Vierge qui s'élève vers le ciel, et tout en bas, les apôtres assistant à l'Assomption de Marie. Aux extrémités, saint Vitus et un pape, da nom de Léon, avec le nimbe carré autour de lu tête, probablement Léon IV ; cette fresque remonterait donc au IXe siècle. A côté, le Crucifiement de Notre-Seigneur, avec la Sainte Vierge et saint Jean l'Evangéliste. La première peinture que nous rencontrons ensuite, en montant vers l'abside, nous offre les deux Marie au tombeau du Sauveur. Plus bas, Jésus-Christ descend dans les limbes pour en délivrer deux personnes, un homme et une femme, probablement Adam et Eve. Plus bas encore, un autre compartiment représente les Noces de Cana. L'avant-dernière fresque de la grande nef est répartie en trois tableaux. Le plus élevé renferme cinq grandes figures : le Christ entre saint Michel, saint Gabriel, saint Clément et saint Nicolas, pape. Au dessous, scènes de la vie de saint Alexis; dans la première : 1º Alexis revient incognito à Rome en pèlerin; 2º Alexis, étendu sur un misérable grabat et entouré du pape et du clergé de Rome, rend le dernier soupir; 3º Euphémien et son épouse reconnaissent leur fils. Ce même pilastre est encore couvert d'une fresque. A gauche : saint Antoine; Daniel dans la fosse aux lions; à droite, saint Gilles et saint Blaise.

Le dernier pilastre est orné dans sa partie supérieure des figures des quatre premiers pontifes : saint Lin, saint Pierre, saint Clément et saint Clet. Le carré du milieu représente saint Clément célébrant le saint sacrifice. A droite Théodore convertie au christianisme, et son mari Sisinius frappé de cécité; à gauche, les fresques du donateur Benon de Rapiza et de sa femme.

De l'abside on pénètre dans deux chambres de grandeur moyenne. La première a une voûte tout entière en stuc blanc avec des caissons ornés de rosaces. Le style accuse le second siècle de notre ère ou la fin du premier. La deuxième est un atrium, et l'autre un sanctuaire de Mithra, dans lequel on a trouvé une statue du Bon Pasteur.

Sainte-Croix de Jérusalem, desservie par les Cisterciens, a été bâtie par Constantin dans les jardins d'Héliogabale sur la demande de l'impératrice sainte Hélène. Tout le pavé est en mosaïques, et la nef et le portique sont ornés de colonnes de granit égyptien. Une inscription placée au centre du pavé nous apprend que « la terre du Saint Calvaire de Jérusalem, déposée dans la partie inférieure de cet édifice par la B. Hélène, a été conservée ici ». En contre-bas de l'église se trouve la chapelle de sainte Hélène.

Sainte-Croix est reliée à Saint-Jean de Latran par une large avenue à travers des vignes. Les poissons sculptés au fond des bénitiers attirent l'attention. Les peintures de la tribune sont du *Pinturrichio*. L'urne de l'autel est en basalte, et les colonnes en brèche cornaline. C'est une des sept basiliques à la visite desquelles sont attachées des indulgences. (Voir, pour les reliques qu'on y conserve, page.)

Santa Maria in Ara-Cœli. — Cette église, desservie par les Frères Mineurs Observantins, s'élève sur l'emplacement même du temple de Jupiter Capitolin. Elle remonte à une haute antiquité, puisqu'elle fut dédiée par saint Grégoire le Grand à la Sainte Vierge, sous le vocable *Sancta Maria in Capitolio*.

Nef latérale droite : Admirables fresques du Pinturicchio. Près de la porte latérale, tombeau du marquis de Saluces, général de François Ier, qui l'avait envoyé au secours de Clément VII. Sur le Maître-autel, une Madone attribuée à saint Luc. Le pape saint Grégoire le Grand la fit porter dans la procession célèbre où l'on entendit retentir dans les airs la belle antienne *Regina cœli lætare*. En se dirigeant à droite, on entre dans la sacristie où se conserve l'image du *Santissimo Bambino*, qu'on dit avoir été taillée, au xvie siècle, d'un arbre du jardin des Oliviers, par un religieux de l'ordre de Saint-François. C'est une statuette de 60 centimètres de longueur, recouverte de soie blanche, ornée de perles et de pierres précieuses. Le jour de Noël, on l'expose dans une crèche, couchée sur la paille. Ses langes sont couverts de diamants et de pierres précieuses qui lui ont été offerts en *ex voto*. Cette exposition dure plusieurs jours, pendant lesquels des enfants de cinq à dix ans, montant sur une espèce de *palco* ou chaire placée en face de la crèche, font des discours de midi à 4 heures. Les personnes mourantes se font apporter à leur lit de douleur cette sainte image; le Santissimo Bambino a une voiture qui lui appartient, et, quand on le conduit quelque part, le religieux laisse pendre par la portière un coin de son étole; le peuple romain ne manque jamais de se mettre à genoux sur son passage.

Au sortir de la sacristie, chapelle de Sainte-Hélène; on lit sur la frise une inscription latine qui indique que cette chapelle a été *bâtie au lieu même où l'on croit que la très Sainte Vierge Marie, tenant son Fils entre ses bras, se fit voir à l'empereur Auguste, dans le ciel, au milieu d'un cercle d'or.* Cette inscription fait allusion à l'oracle rendu un jour par Apollon à l'empereur Auguste qui le consultait. « Un enfant hébreu, dit Apollon, Dieu lui-même et maître des dieux, me force à quitter la place et à rentrer tristement dans les enfers. Désormais, retire-toi sans réponse de mes autels. » Vivement frappé de cet oracle, Auguste vint au Capitole où il fit ériger un autel à l'Enfant-Dieu avec cette inscription : « ARA PRIMOGENITI DEI; autel du premier-né de Dieu. » Après trois jours, Auguste vit le ciel ouvert, et, sur un autel, une Vierge tenant en ses mains un petit enfant; puis il entendit une voix qui disait : « *Hæc ara Filii Dei est*; c'est ici l'autel du Fils de Dieu. » En conséquence, l'empereur défendit qu'on l'appelât Dieu et fit ériger l'autel. L'autel est formé d'une urne antique de porphyre qui renferme le corps de sainte Hélène.

Les ambons placés dans le transept méritent toute l'attention du voyageur. A côté de celui de l'Evangile on remarque le tombeau de la princesse de Bosnie, morte à Rome en 1478, laquelle, en mourant, légua au Saint-Siège son royaume d'où les Turcs l'avaient chassée.

Le vaste couvent attenant à l'église d'Ara-Cœli était la résidence du Général commun aux deux branches des Réformés et des Observantins. Il est aujourd'hui transformé en caserne. Dans ces murs ont vécu ou séjourné plusieurs saints, etren autres saint Jean de Capistran, saint Bernardin de Sienne, saint Diego d'Alcantara et saint Philippe de Néri.

Sainte-Marie des Miracles et Sainte-Marie di Monte-Santo. — Ces deux églises doivent leur origine à des images miraculeuses de la sainte Vierge.

La première église de Sainte-Marie des Miracles fut confiée, en 1584, à l'un des plus illustres apôtres de la charité chrétienne, saint Camille de Lellis. L'église actuelle et celle de Sainte-Marie di Monte-Santo, furent commencées en 1662 et terminées par le cardinal Quastaldi.

Dans la seconde on remarque (troisième chapelle) à gauche, le tableau de l'autel, où sont représentés saint Jacques et saint François devant la Sainte Vierge, par Maratta, et les bustes en bronze des papes Alexandre VII, Clément IX, Clément V et Innocent XI.

Sainte-Marie des Anges (*Santa Maria degli Angeli*). — Cette église est établie dans le *caldarium* et le *frigidarium* des Thermes de Dioclétien, grande construction du iv° siècle, qui pouvait abriter 3,000 baigneurs,

Les principaux tableaux et monuments que l'on rencontre dans cette église, sont le tombeau du peintre Ch. Maratta, par Maratta lui-même, et la statue de saint Bruno par Houdon. On rapporte que Clément XIV disait de ce chef-d'œuvre : « *Il parlerait, si la règle de son ordre ne le lui défendait.* »

Maître-autel où l'on vénère une image miraculeuse de la Très Sainte Vierge ; à côté, tombeaux de Pie IV et du cardinal Serbelloni. Ce maître-autel à double face et dont on attribue le dessin à Michel-Ange, est un des plus riches de Rome par la beauté et la variété des marbres qu'on y a employés.

Dans la sacristie, chapelle intérieure, propriété des Cibo, richement ornée, et où l'on conserve un grand nombre de reliques précieuses.

Derrière l'église règnent ou plutôt régnaient des Cloîtres magnifiques. La chartreuse est maintenant en partie occupée par la troupe. La seconde cour sert de dépôt militaire et les murs ont été indignement badigeonnés.

Saint-Onuphre (*San Onofrio*), sur le mont Janicule près de la porte du Saint-Esprit. — Cette église appartient aux aux *Hiéronymites*. Elle est précédée d'un petit portique, formé de colonnes antiques, où l'on remarque des fresques du Dominiquin, représentant la vie de saint Jérôme.

Côté droit : 1ʳᵉ chapelle, tableau d'Annibal Carrache. — *Côté gauche* : autel de saint Jérôme, tableau par Ghezzi. C'est dans cette chapelle que se trouve le monument élevé par Pie IX à la mémoire du Tasse.

» La mémoire du Tasse est toujours vivante, dit M. de Bleser, chez les moines de Saint-Onuphre, et ils ont conservé avec une religieuse vénération la chambre où il a rendu son âme à Dieu. Pie IX vint la visiter en 1852 : il y fit placer une inscription qui rappelle au voyageur combien l'âme de notre grand pontife s'attache à toutes les véritables gloires de l'Italie. » Dans le corridor qui longe la chambre du Tasse, Léonard de Vinci a peint une magnifique fresque représentant la Vierge et l'Enfant Jésus. De cet endroit on a une vue admirable sur les montagnes de la Sabine et les monts Albains; dans le lointain se dresse l'éternel Socrate avec son front couvert de neige. Aux pieds du spectateur, le Tibre promène ses flots jaunâtres; Rome montre ses palais, ses coupoles et ses édifices sansnombre. Dans le jardin, s'élevait jadis le vieil et immense chêne, à l'ombre duquel le grand poëte venait prier et méditer, et qu'on appelait « chêne du Tasse ».

Saint-Pierre-aux-Liens (*San Pietro in Vincoli*), ou la *basilique Eudoxienne*, construite par Eudoxie, épouse de Valentinien III, pour y conserver les chaînes de saint Pierre qu'elle avait données à saint Léon Ier. Elle fut restaurée en 555, par Pélage Ier, rebâtie au VIIIe siècle par Adrien Ier, renouvelée en 1503 par Jules II, et mise dans l'état où nous la voyons aujourd'hui, par Fr. Fontana.

Intérieur à trois nefs, séparées par vingt-deux colonnes d'ordre dorique; à gauche de l'entrée principale se trouve le tombeau de Pierre et Antoine Pollajulo. Dans le coin de gauche, celui du cardinal Cusa. Au bout du bas-côté de droite, le tombeau de Jules II par Michel-Ange, avec le célèbre *Moïse*. Ce tombeau devait avoir plus de trente statues. Par suite de contre-temps, Michel-Ange n'exécuta que le *Moïse* et les deux statues du Louvre.

Dans la niche à droite, l'on aperçoit Rachel, les mains jointes et un genou plié; elle regarde le ciel; c'est la vie contemplative. A gauche est Lia, un miroir dans une main, une guirlande dans l'autre; c'est la vie active. La statue de Jules II est de Massoda Bosco; *la Sainte Vierge*, de Settignano; *le Prophète et la Sibylle*, de Montelupo.

On vénère dans la Sacristie les chaînes de saint Pierre. Pour les voir, il faut une permission du cardinal titulaire de cette basilique. Trois clefs ferment la châsse où les chaînes sont conservées : l'une est entre les mains du Saint-Père, l'autre chez le cardinal protecteur, la troisième est confiée à l'abbé de Saint-Pierre in Vincoli. Pour ouvrir la châsse, il faut les avoir toutes trois. La chaîne peut avoir cinq pieds de longueur; à chaque extrémité est une charnière destinée à prendre les mains et le cou. Les anneaux, d'une forme antique, sont beaucoup plus gros que ceux de la chaîne de saint Paul. Dans la place attenante à la sacristie, on montre une *Espérance*, tête célèbre, de Guido Reni, et une *Délivrance de saint Pierre*, du Dominiquin ; une *Sainte Famille*, que l'on croit de l'école de Jules Romain, et une belle effigie du Rédempteur, par le Guerchin. Le couvent voisin habité par des chanoines réguliers est occupé maintenent par la Faculté des Sciences physiques et mathématiques.

Sainte-Praxède (*Santa Prasseda*), via di San Martino. — Construite en 822 par Pascal Ier en l'honneur de sainte Praxède, fille de saint Pudent, qui donna l'hospitalité à saint Pierre, et sœur de sainte Pudentienne. Pascal Ier y déposa les corps de 2,300 martyrs, extraits des catacombes. Elle fut restaurée au xve siècle par Nicolas V et modernisée par saint Charles Borromée. L'intérieur a trois nefs, séparées par seize colonnes de granit.

A l'entrée, deux colonnes de granit noir. Tout l'intérieur est revêtu de mosaïques sur fond d'or (xe siècle) ce qui a fait nommer la chapelle *orto del paradiso* (jardin du paradis). Dans la voûte un médaillon avec la tête du Christ. A droite, dans une niche, la colonne à laquelle le Christ fut attaché pour être flagellé.

La fenêtre qui surmonte la porte d'entrée est entourée d'une double rangée de médaillons. Au sommet, Jésus-Christ, avec un nimbe crucifère ; de chaque côté, six têtes d'apôtres. Sous le Christ est l'image de la Sainte Vierge avec l'Enfant-Jésus. Aux côtés de la Vierge sont Novat et Timothée. Dans les angles, Pudens, saint Zénon. A l'intérieur, le Christ entouré de quatre anges. Mosaïque de l'autel : la sainte Vierge porte l'Enfant-Jésus ; à gauche sainte Praxède, à droite sainte Pudentienne. Au dessus de la porte, qui fait face à l'autel, le trône de Dieu, et de chaque côté saint Pierre et saint Paul debout. Le tableau de Muratori qui décore l'abside représente sainte Praxède recueillant le sang des martyrs. Le maître-autel est décoré d'un baldaquin soutenu par quatre colonnes de porphyre. On y arrive par un magnifique escalier à deux rampes dont les degrés sont en marbre rouge antique; ce sont les plus gros blocs que l'on connaisse de ce marbre fort rare. La mosaïque de l'abside est du ix⁰ siècle. Sur l'arc de triomphe, la Jérusalem nouvelle gardée par les anges; au milieu le Christ entouré de bienheureux; sur l'arcade de l'abside, l'Agneau; à ses côtés, le chandelier à sept branches et les symboles des Évangélistes. Au dessous de cette composition règne une zone allongée, au centre de laquelle le Sauveur du monde est figuré sous la forme d'un agneau nimbé; douze brebis qui désignent les apôtres se dirigent vers lui, six par six, et semblent sortir des villes saintes de Bethléem et de Jérusalem qui occupent les extrémités.

Voir dans la sacristie le tableau de Jules Romain représentant la Flagellation du Sauveur. Le trésor des reliques possède, entre autres, trois épines de la sainte couronne, la mitre et la mozette de saint Charles, ainsi qu'une éponge teinte du sang des martyrs, recueilli par sainte Praxède.

Chapelle de Saint-Charles Borromée : A gauche on voit son fauteuil, et à droite, la table sur laquelle il donnait à manger aux pauvres.

Chapelle de Sainte-Praxède : A l'extrémité de la nef latérale on voit incrustée dans le mur une longue table de marbre protégée par une grille en fer, portant cette inscription : *Sur ce marbre dormait la sainte vierge Praxède.* Puits entouré d'une grille dans lequel sainte Praxède conservait les restes des martyrs et faisait couler le sang qu'elle avait recueilli avec des éponges.

Sainte-Marie de la Paix (*Santa Maria della Pace*). — Erigée par Sixte IV sur l'emplacement de celle de Saint-André des *aquarenari*, elle fut dédiée à Notre-Dame de la Paix, en actions de grâces pour la paix qu'il avait obtenue en 1487 entre les princes chrétiens. L'intérieur est en croix latine, à une seule nef, avec coupole octogone.

Sur le mur, des deux côtés du cintre de la chapelle, sont quatre sibylles peintes par Raphaël; à gauche, *la Sibylle de Cumes*. A côté est assise, appuyée sur le cintre de la voûte, *la Sibylle persique*.

Un petit ange est agenouillé sur la clef de voûte, tenant un flambeau, symbole de la lumière que ces femmes sont censées avoir transmise aux hommes. A droite et près de l'ange agenouillé est assis un autre ange. La jeune *Sibylle phrygienne*, qui suit immédiatement, s'appuie, debout, contre l'arcade, et l'autre, la vieille *Sibylle liburtine*, est assise à l'extrémité du tableau. Au dessus de la corniche on voit, de chaque côté de la fenêtre, deux prophètes, *Habacuc* et *Jonas*. A droite, *David* et *Daniel*. Les prophètes furent peints d'après les dessins de Raphaël. — *Chapelle Cesi*, dessinée par Michel-Ange : les ornements extérieurs sont de Mosca. Les statues de saint Pierre à gauche, et de saint Paul à droite, ainsi que les prophètes que l'on voit de chaque côté de l'arcade, sont de Rossi da Fiesole, et le tableau de C. Cesi. Sur le maître-autel, une image de la Vierge, très célèbre. Voûte peinte par l'Albane. C'est dans cette église que les nouveaux mariés vont entendre leur première messe. Visiter le beau cloître à double rang d'arcades, construit en 1504 par Bramante.

Saint-Louis des Français. — Achevée sur les dessins de Jacques della Porta, en 1589, l'année de la mort de Catherine de Médicis, qui y contribua pour des sommes considérables. C'est une des meilleures églises de cette époque, d'un goût harmonieux, et non surchargé, à l'intérieur comme à l'extérieur. Elle est à trois nefs, divisées par des pilastres ioniques. — Peintures de la voûte et de la nef par Natoire. Sur le premier pilier à droite, monument en marbre blanc et de forme pyramidale élevé à la mémoire des soldats français morts au siège de Rome en 1849. Tombeau élevé à Georges de Pimodan, mort le 18 septembre 1860 à la bataille de Castelfidardo. Deuxième chapelle à droite, belles fresques classiques du Dominiquin (Vie de sainte Cécile), altérées par les restaurations. Tombeaux du cardinal d'Ossat, ambassadeur d'Henri IV, du cardinal de Bernis, du peintre Pierre Guérin, du peintre Sigalon, du peintre Wicar, mort à Rome en 1834; — inscription lapidaire à la mémoire de l'archéologue J.-B. Séroux d'Agincourt. — Maître-autel : *l'Assomption de la Vierge*, un des meilleurs ouvrages de Fr. Bassano. Première chapelle à gauche, tombeau de Mme de Montmorin, érigé par Chateaubriand qui en rédigea l'épitaphe. Au fond de la nef de droite, monument élevé sous Louis-Philippe, à la mémoire de Claude Lorrain, par Lemoine. Sur la porte de la sacristie, tombeau du cardinal de la Grange d'Arquien, beaupère de Sobieski, mort à 105 ans.

Saint-Joachim. — Cette nouvelle église s'élève dans le quartier des Prati di Castello; les souscriptions de tout l'univers catholique ont fourni les subsides nécessaires.

MUSÉES ET GALERIES

Le Vatican. — Ce palais est plutôt une réunion de palais.

On compte au Vatican au moins huit grands escaliers, vingt cours et 4,422 salons. On entre, dit le chanoine de Bleser, soit en prenant à droite le magnifique escalier construit en 1860 par

Pie IX (*Scala Pia*), pour arriver à la cour de Bramante, soit en continuant jusqu'à la statue équestre de Constantin le Grand, où commence la *Scala Regia* (l'escalier royal). Cet escalier a été construit par le Bernin et conduit à la *Sala Regia* (la salle royale), élevée par San Gallo, sous le pontificat de Paul III, pour servir de salle d'audience aux ambassadeurs. Elle est, à proprement parler, le vestibule des chapelles Pauline et Sixtine.

Chapelle Sixtine, construite au xve siècle, sous le pontificat de Sixte IV. Elle a la forme d'un rectangle, et mesure 40 mètres de longueur sur 13m,20 de largeur. Deux séries de peintures, dont les sujets sont empruntés à l'Ancien et au Nouveau Testament, s'étendent sur les parois latérales de la chapelle. On voit à droite : *la Mort de Moïse*, par Signorelli ; — *Moïse recevant les tables de la Loi et détruisant le veau d'or*, par Rosselli, etc. A gauche : *la Dernière Cène*, par Rosselli ; — *Saint Pierre recevant les clefs*, et *le Baptême de Notre-Seigneur*, par le Pérugin, etc.

Au dessus de la porte d'entrée, on voit *Saint Michel combattant pour cacher le corps de Moïse*, par Ghirlandajo, et *la Résurrection du Sauveur*, par Henri le Flamand.

La voûte de la chapelle Sixtine mérite une étude toute particulière. La multitude des figures qu'on y rencontre, la hauteur à laquelle elles sont placées, la position dans laquelle on doit se mettre pour les voir, font qu'il est assez difficile de s'y reconnaître. Le chanoine de Bleser conseille de s'orienter en prenant d'abord les compartiments carrés du milieu. En commençant du côté de la salle royale, on rencontre : 1° le *Prophète Zacharie* ; 2° *l'Ivresse de Noé* ; 3° le *Déluge* ; 4° le *Sacrifice de Noé* ; 5° *la Chute du Premier Homme, son expulsion du Paradis* ; 6° *la Création d'Eve* ; 7° *la Création d'Adam* ; 8° *Jéhova planant sur les eaux* ; 9° *Jéhova créant le soleil et la lune*,

*et commandant à la terre de produire les arbres
et les fruits;* 10° *Jéhova faisant la séparation des
ténèbres d'avec la lumière;* 11° *le Prophète Jonas.*

Autour de ces panneaux, on voit, en se dirigeant vers le fond de la chapelle : 1° *le Prophète
Joël;* 2° *la Sibylle d'Erythrée;* 3° *Ezéchiel;* 4° *la
Sibylle de Pesse;* 5° *Jérémie.* A gauche : 1° *la
Sibylle de Delphes;* 2° *Isaïe;* 3° *la Sibylle de Cumes;*
4° *Daniel;* 5° *la Sibylle de Lybie.* Aux quatre
angles de la chapelle, on remarque : 1° *Assuérus,
Esther et le supplice d'Aman;* 2° *le Serpent d'airain;* 3° *David et Goliah;* 4° *Judith et Holopherne.*

Ce fut sous le pontificat de Jules II que ces
magnifiques peintures furent exécutées. Voulant
honorer la mémoire de Sixte IV, son oncle, ce
pape chargea Michel-Ange de ce difficile travail.

Le mur du fond de la Chapelle Sixtine est occupé
par *le Jugement dernier;* cette fresque fut com-
mandée à Michel-Ange par Clément VII et terminée sous le pontificat de Paul III. Dans le bas
du tableau sont représentés sept anges sonnant
de la trompette et appelant des quatre coins du
monde les morts au Jugement. On voit alors la
terre s'entr'ouvrir et les habitants du tombeau se
lever de leur poussière; les uns ont encore leur
chair, ceux-ci ne sont que des squelettes, d'autres
paraissent vouloir couvrir leur nudité.

Au dessus de ces anges, on aperçoit le Fils de
Dieu, proférant sa sentence contre les réprouvés,
et, tandis que de la main gauche il fait signe aux
justes de passer à sa droite, les méchants, saisis
par les démons, sont entraînés dans le feu éternel.

Ici apparaît la barque de Caron, où des anges,
à la droite du Seigneur, accourent pour défendre
les élus contre les démons. Autour du Fils de
Dieu sont les bienheureux, rangés en cercle;
tout près de lui est sa divine Mère, dont le regard
exprime la douceur et la crainte; auprès d'elle
sont saint Jean-Baptiste, les apôtres, les martyrs
montrant au Souverain Juge les instruments de

leur supplice. Dans le haut, des deux côtés, des groupes d'anges soutiennent la croix, l'éponge, la couronne d'épines, les clous, la colonne et tous les instruments de la Passion ; ils reprochent aux réprouvés leur ingratitude et inspirent la confiance aux justes.

La fumée des cierges et des torches qu'on brûlait après chaque scrutin dans tous les conclaves qui se sont réunis dans la Chapelle Sixtine pendant trois siècles, depuis Sixte IV jusqu'à Pie VI, enfin l'humidité, ont beaucoup altéré l'éclat de cette peinture.

C'est dans cette chapelle qu'ont lieu les importantes cérémonies de la Semaine Sainte. La partie réservée au public est la plus petite ; elle est séparée du chœur par une balustrade en marbre, dessinée par Michel-Ange et surmontée de huit chandeliers de marbre. En sortant de cette chapelle on a devant soi la CHAPELLE PAULINE bâtie, en 1540, par Paul III, sur les dessins de San Gallo.

Michel-Ange y a peint deux fresques : la Conversion de saint Paul et le Martyre de saint Pierre. Cette chapelle sert d'église paroissiale aux habitants du palais ; c'est ici qu'a lieu l'adoration perpétuelle. On se rend aux loges de Raphaël en traversant la Salle Ducale. C'est dans cette salle qu'anciennement les papes donnaient audience aux princes, et c'est là que S. S. Pie IX reçut les grands groupes de pèlerins.

Musée du Vatican. — Le musée du Vatican est sans contredit, le premier musée du monde. L'immense richesse des objets d'art qui y sont réunis est telle que l'esprit en reste confondu au premier abord. Les galeries que nous allons visiter sont consacrées, pour la plupart, aux monuments de l'art antique et se composent : 1º du Musée lapidaire ; 2º du Musée Chiaramonti ; 3º du Braccio Nuovo ; 4º du Musée Pio-Clementino.

Nous allons indiquer sommairement les principales curiosités :

1° MUSÉE LAPIDAIRE ou GALERIE DES INSCRIPTIONS. — Ce musée est l'œuvre de Pie VII. A droite, inscriptions grecques et latines païennes, classées par ordre de rangs ou de professions, en commençant par les dieux pour finir aux esclaves. A gauche, à partir de la septième fenêtre, inscriptions chrétiennes extraites des catacombes.

2° MUSÉE CHIARAMONTI, fondé par Pie VII, qui lui donna son nom de famille et en confia l'organisation à Canova. Ce musée ne contient pas moins de 700 spécimens de l'art antique, disposés en trente compartiments. En voici les principaux objets :

1er *Compartiment (à droite)* : Apollon assis; Jules César en pontife; petite statue de Polymnie, fort bien drapée; Vénus Anadyomène; Démosthènes; Cicéron. Copie antique de Cupidon bandant son arc, connu sous le nom de Cupidon de Praxitèle. Statue de Claude. Tête colossale d'Antonin le Pieux, trouvée à Ostie, etc.

BRACCIO NUOVO (bras nouveau). — Galerie construite en 1817, par l'architecte allemand Raphaël Stern.

L'hémicycle est décoré de deux colonnes de jaune antique et de deux autres d'albâtre oriental. Le pavé est de marbre et enrichi de dix mosaïques antiques. On y compte 45 statues et 40 bustes. La plupart des bustes proviennent de la collection Ruspoli. — *A l'entrée* : deux Hermès, et dans la lunette un bas-relief représentant Achille traînant le cadavre d'Hector sous les murs de Troie. — *Mur à droite en entrant* : Canéphore ou cariatide du temple de Pandriosa, à Athènes; la tête et les bras sont de Thorwaldsen. La magnifique statue d'Auguste, trouvée en 1863, dans les ruines de la villa de Livie, sur la voie Flaminienne; bonne statue d'Esculape; buste colossal de Claude. — *Continuation du mur à droite :* buste de Trajan, d'une grande ressemblance; statue de Julie, fille de Titus. — *Au fond de la galerie,* sur un piédestal, statue de l'Athlète, ou coureur, tenant dans la main gauche un strigile pour s'enlever la sueur, et, dans la droite, le dé qui lui assigne son rang de coureur. — *Mur à gauche :* statue d'Antonia, femme de Drusus; Vénus Anadyomène, l'une des meilleures statues de cette galerie. — *Hémicycle :* statue colossale du Nil, représentée couchée avec seize enfants qui symbolisent les seize coudées de sa crue. — *Continuation du mur à gauche :* Julie, fille de Titus; Mercure, beau monument de l'art grec, en marbre pentélique.

2° Musée Pio-Clementino. — Ainsi nommé des papes Clément XIV et Pie VI, qui l'ont formé.

Il renferme les collections de Jules II, Léon X, Clément VII et Paul III, et l'on peut dire ici, avec Murray, que c'est le premier musée du monde.

Vestibule carré : Torse du Belvédère, trouvé dans les Thermes de Caracalla. Michel-Ange se disait l'élève de ce torse, et Winckelmann affirmait que c'était l'œuvre d'art qui se rapprochait le plus de l'Apollon du Belvédère. Vis-à-vis est le sarcophage de Scipion Barbatus, bisaïeul de Scipion l'Africain et le vainqueur des Samnites.

Cour du Belvédère. — Cette cour, bâtie sur les dessins de Bramante, est octogone et entourée d'un portique. C'est dans cette partie du palais que trônent les chefs-d'œuvre de la sculpture antique.

Second cabinet. — L'Antinoüs du Belvédère, et d'après Visconti, Mercure.

Troisième cabinet. — Le Laocoon. Cet admirable groupe que Michel-Ange appelait *le miracle de l'art,* fut trouvé en 1506, sur l'Esquilin.

A quelle école appartient ce magnifique travail? Lessing y voit l'œuvre de statuaires grecs vivant à l'époque des premiers empereurs : Winkelmann, au contraire, le fait remonter au temps des Praxitèle et des Lysippe.

Quatrième cabinet. — Apollon du Belvédère, trouvé au xve siècle à Porto d'Anzo. Cette statue avait été achetée par Jules II, alors cardinal della Rovere. Ce fut le premier spécimen d'art ancien placé au palais du Belvédère ; on peut donc le regarder comme le point de départ de tous les trésors artistiques qui vinrent plus tard se grouper autour de ce chef-d'œuvre. On ne peut s'empêcher d'admirer l'élégance, la grâce, les formes idéales, la beauté divine, mais en dernière analyse, toujours païenne de cette statue. (De Bleser.)

GALERIE DES STATUES (à droite). — Statue d'empereur à laquelle est adaptée la tête de Claudius Albinus ; bas-relief de Michel-Ange, représentant Cosme de Médicis, qui chasse les vices de ses Etats et y introduit les vertus et les sciences ; le Cupidon de Praxitèle, appelé le Génie du Vatican ; Pâris accordant le prix à la beauté ; statue de Pallas, dite de Minerve ; Pénélope, sur un piédestal ; statue de Caligula ; Amazone, une des plus belles statues de cette collection ; Adonis blessé. Au centre de cette galerie, magnifique baignoire en albâtre oriental.

SALLE DES BUSTES. — Sur deux rangs de tables de marbre sont placés un grand nombre de bustes, dont voici les plus remarquables : Claudius Albinius, Caligula, Alexandre Sévère, Jules César, Auguste, Agrippa, Cicéron, Domitia, femme de Domitien, Marc-Aurèle.

CHAMBRE DES MUSES. — Construite par Pie IX, ainsi que le Cabinet des Masques. Elle est soutenue par seize colonnes de marbre de Carrare.

Entre la salle des Animaux et la chambre des Muses : danse des Corybantes, bas-relief ; Melpomène, Uranie, Polymnie, Erato, Calliope, Apollon Citharède.

SALLE RONDE. — Bâtie par Pie VI. Elle est ornée de grands pilastres de marbre de Carrare.

De chaque côté de la porte d'entrée, deux Hermès trouvés tous les deux dans la villa d'Adrien; l'un est la Tragédie, et l'autre la Comédie; magnifique tête de Jupiter; statue de Cérès. De cette salle, on entre dans la *Salle à croix grecque*, construite par Pie VI. La porte de cette salle a plus de vingt pieds d'élévation; les jambages sont de granit rouge d'Egypte, et l'entablement est porté par deux statues colossales, de style égyptien, posées sur des colonnes, le tout du même marbre.

Ce qui attire surtout l'attention, ce sont les deux énormes sarcophages en porphyre rouge égyptien, et chacun d'une seule pièce, qui se trouvent, l'un à droite, l'autre à gauche. Le premier est celui de sainte Constance, fille de Constantin; le second est celui de sainte Hélène.

La restauration de ces monuments a coûté près de 500,000 francs. L'objet le plus remarquable est une statue de Vénus, dite *Vénus de Praxitèle*, avec une draperie en bronze.

La GALERIE DES TABLEAUX DU VATICAN a été fondée par Pie VII. Elle renferme des tableaux qui sont à peu près tous des chefs-d'œuvre. Citons parmi les principaux :

Iʳᵉ salle. — *Annonciation. Adoration des Mages; Présentation au Temple*, de Raphaël; *les Trois Vertus théologales*, du même; *Jésus et saint Thomas*, de Guerchin, etc.

IIᵉ salle. — *Communion de saint Jérôme*, du Dominiquin; *la Transfiguration de Jésus-Christ* et *la Madone de Foligno*, de Raphaël.

IIIᵉ salle. — *Sainte Marguerite de Cortone*, du Guerchin; le *Couronnement de la Vierge*, de Raphaël; *la Vierge sur un Trône*, du Pérugin, etc.

IVᵉ salle. — *Crucifiement de saint Pierre*, du Guide, etc.

GALERIE DES ARAZZI. — On donne ce nom à la galerie, où sont suspendues les tapisseries dessinées par Raphaël et qui furent exécutées à Arras, en Flandre, sous la direction de B. Van Orley, artiste flamand. Léon X les avait commandées pour couvrir la partie inférieure des murs de la Chapelle Sixtine, aux jours des grandes solennités. Elles arrivèrent à Rome en 1519, peu de mois avant la mort de Raphaël, et furent accrochées dans Saint-Pierre le jour de la fête de saint Etienne de la même année. Elles excitèrent chez les Romains un enthousiasme indescriptible. Raphaël, aidé de Fr. Penni et de Jean d'Udine, exécuta lui-même les cartons de ces dix tapisseries.

La *première section* renferme les tapisseries suivantes : 1° *la Mort d'Ananie* ; dans la partie inférieure, *le Retour du cardinal de Médicis à Florence* ; 2° *la Remise des clefs à saint Pierre* ; au dessus, *Fuite du cardinal de Médicis déguisé en franciscain* ; 3° *Saint Paul et saint Barnabé à Lystra* ; 4° *Saint Paul prêchant à Athènes*.

La *seconde section* contient : 1° *Saint Paul en prison à Philippes* ; 2° *Saint Pierre guérissant les paralytiques* ; au dessus, à droite, *le Cardinal de Médicis se rend prisonnier à la bataille de Ravenne* ; à gauche. *Il s'échappe de sa prison* ; 3°, 4° et 5°, *Scènes du massacre des Innocents*.

A la suite de cette galerie, viennent les appartements destinés aux réceptions solennelles. Quelques-unes de ces salles ont été peintes à fresque par Overbeck et Podesti. Ce dernier a été chargé des peintures de la *Salle de l'Immaculée-Conception*. Cette salle n'est séparée que par un corridor de la chambre de Raphaël, dite *Chambre de l'Incendie du Bourg*. C'est Pie IX qui a élevé ce monument en souvenir du dogme de l'Immaculée-Conception.

La grande fresque représente la *Définition du Dogme*. Pie IX, debout sur l'estrade du trône,

dans la Basilique de Saint-Pierre, tient de la
main gauche le livre rouge et entonne le *Te Deum*.
Il est illuminé du rayon de soleil historique qui
le couvrit de lumière immédiatement après la
lecture de la bulle. Au dessus de cette scène historique, on aperçoit la Sainte Vierge, debout sur
la lune, entourée des trois personnes de la Sainte
Trinité.

La *seconde* fresque représente la *Discussion du
Dogme*. La *troisième* représente le *Couronnement de la Madone*. La *quatrième*, celle qui se
voit entre les deux fenêtres, représente *l'Eglise
enseignant tous les peuples de la Terre*. Au dessous
de ces différentes représentations on voit une
série de grisailles représentant *la Naissance de la
Sainte Vierge, la Présentation au Temple, le Consistoire présidé par Pie IX, le Baisement des
pieds et la Distribution des souvenirs de la procla-
mation du Dogme;* ces sujets alternent avec les
Apôtres, également peints en grisaille.

Les Chambres de Raphaël. — On appelle
Stanze les quatre grandes chambres décorées
par Raphaël, sur les ordres de Jules II. Toutes
ces peintures ont beaucoup souffert pendant le
pillage de Rome par le connétable de Bourbon.
Nous suivrons pour la description de ces chambres
l'ordre adopté par le chanoine de Bleser.

I. — *La Chambre de l'Incendie du Bourg.* —
Raphaël voulut, en l'honneur de Léon X, son
protecteur et son ami, représenter dans cette
chambre les événements importants qui signa-
lèrent le règne de deux Souverains Pontifes du
nom de Léon. Il choisit Léon III et Léon IV. Les
quatre grands sujets qu'il traita sont les suivants:

1° *Sermon de Léon III devant Charlemagne.* — Au
moment où l'empereur interrogeait l'assemblée
sur les griefs imputés à Léon, on entendit une
voix qui disait qu'il n'appartient à personne de
juger le Juge Suprême ; cette peinture symbolise
donc la Suprématie de la puissance pontificale.

2° *Charlemagne couronné empereur.* — Cette fresque rappelle l'alliance de Léon X et de François Ier couronné empereur, puisque les deux figures principales sont les portraits de ces deux souverains.

3° *Victoire de Léon IV sur les Sarrasins.* — Le pape Léon X entouré de cardinaux (Jules de Médicis et Bernard de Bibiena), est assis sur le rivage.

4° *L'Incendie du Bourg* (tout entier de la main de Raphaël, excepté le groupe de l'homme emportant son vieux père, qui est de Jules Romain). En 847, le feu éclata dans le faubourg de Rome, qui s'étendait du Vatican jusqu'au mausolée d'Adrien. Un épouvantable ouragan donna à l'incendie une extension telle qu'on n'en pouvait plus arrêter les progrès ; la Basilique Vaticane était menacée. En ce moment, Léon IV implora avec ferveur le secours du Ciel, fit, sur les bâtiments livrés aux flammes, le signe de la croix, et tout à coup le feu s'arrêta. C'est cet instant solennel que Raphaël a choisi. Au fond, on aperçoit la Basilique de Saint-Pierre et dans une loge, détruite depuis, le Pape en prières, avec sa suite, entouré d'une multitude qui prie et se lamente.

II. — *La Chambre de l'École d'Athènes ou de la Signature.* — Toutes les peintures de cette salle, y compris celles de la voûte, sont de Raphaël.

Les quatre médaillons de la voûte représentent : la *Théologie*, la *Philosophie*, la *Poésie* et la *Jurisprudence*. 1° Sous le médaillon de la Théologie, on voit une grande composition communément désignée sous le nom de la *Dispute du Saint-Sacrement* ; et dans le ciel, au centre, les trois figures superposées de la Sainte Trinité, chacune entourée d'une gloire. A la droite du Christ est assise la Sainte Vierge, et à sa gauche, saint Jean-Baptiste. Sur un grand demi-cercle de nuages sont assis des apôtres, des patriarches et des martyrs.

En allant de gauche à droite, on rencontre saint Pierre, Adam, saint Jean, David, saint Étienne, un autre saint à moitié caché dans les nuages, saint Laurent, Moïse, saint Jacques, Abraham et saint Paul. Plus bas la sainte Hostie est proposée à l'adoration des fidèles.

Aux deux côtés les plus rapprochés de l'autel, sont les quatre grands Pères de l'Eglise. A gauche, *saint Jérôme* ; près de lui, deux livres l'un contenant ses *lettres*, l'autre la *Vulgate*. Vis-à-vis, *saint Ambroise* : il lève les yeux et les mains vers le ciel. *Saint Augustin* dicte ses pensées à un jeune homme assis à ses pieds ; le livre de *la Cité de Dieu* est posé par terre. *Saint Grégoire le Grand*, couvert de la tiare, fait face à saint Augustin. Son livre sur Job, *Liber moralium*, est aussi près de lui. On est incertain sur le nom du personnage que représente la figure derrière saint Jérôme ; ses deux mains sont étendues vers l'ostensoir. Vis-à-vis de lui, à côté de saint Ambroise, un théologien portant une longue barbe et montrant le ciel, passe pour être *Pierre Lombard*. Un peu plus loin, on voit *Duns Scot, saint Thomas d'Aquin* ; ensuite, debout, un peu en arrière de saint Augustin, le pape *saint Anaclet*, saint Bonaventure lisant dans un livre et, sur la première marche, le pape *Innocent III*. Parmi les figures à droite du fond, on reconnaît *Dante et Savonarole*. Tout à fait au premier plan, un philosophe chrétien, vêtu à l'antique, interpelle un jeune païen, appuyé contre une balustrade, et lui montre, comme modèle d'obéissance, le jeune homme qui écrit sous la dictée de saint Augustin.

2° La *Poésie* est représentée dans une grande peinture murale qui montre le Parnasse. Apollon, assis sous des lauriers au bord de l'Hippocrène, entonne les chants ; les neuf Muses, partagées en deux groupes, l'entourent. Puis viennent les grands poètes grecs, romains et italiens, *Virgile* s'entretient avec *Dante*. Près de *Sapho*, de Mytilène, trois poètes lyriques, *Alcaüs*, *Anacréon* et *Pétrarque* conversent avec *Corinne*, de Thèbes. *Pindare*, assis au premier plan, à droite, parle avec *Horace*, qui s'avance vers lui. Non loin de Sannazar, une vive discussion est engagée entre *Ovide* et trois poètes italiens.

3° La *Philosophie* est plus connue sous le nom de *l'Ecole d'Athènes*. Il est admis aujourd'hui que Raphaël a réuni ici les principaux maîtres des différentes écoles de la philosophie grecque ; il nous les montre réunis en assemblée dans un magnifique vestibule.

4° Le mur consacré à la *Jurisprudence* est divisé en trois compartiments. Dans la lunette, on voit les figures allégoriques de la *Force*, de la *Prudence* et de la *Modération*. A gauche de la fenêtre, Justinien, assis, couronné de lauriers et enveloppé d'un manteau de pourpre, remet à *Tribonien*, agenouillé devant lui, les *Pandectes* et le *Codex*. A droite, *Grégoire IX* donne à un avocat du Consistoire les *Décrétales*, recueillies sur son ordre par saint Raymond de Pennafort.

III. — *Chambre d'Héliodore*. — Voulant célébrer indirectement la gloire de Jules II, Raphël a choisi le sujet d'*Héliodore chassé du Temple*.

Héliodore terrassé a laissé choir son trésor ; ses deux compagnons terrifiés semblent, tout en fuyant, vouloir le défendre. Onias est encore en prières et déjà Héliodore est frappé, trait de génie de la part de Raphaël qui voulait exprimer la promptitude de la vengeance divine. Dans la deuxième fresque, *le Miracle de Bolsène*, l'artiste a voulu montrer comment Dieu assiste l'Eglise contre les incrédules. Suivant une tradition, sous le pontificat d'Urbain IV, en 1263, un malheureux prêtre, au moment où il allait consacrer l'Hostie sainte, se mit à concevoir un doute sur la présence de Notre-Seigneur dans la sainte Eucharistie. Alors Dieu permit que le sang divin se répandit sur le corporal. La scène est habilement étagée au dessus et à côté de la fenêtre. On remarquera surtout l'expression d'humilité repentante du prêtre officiant, les regards courroucés qu'un des cardinaux, placé derrière le pape, lance vers le prêtre incrédule, l'agitation du peuple, le calme des cardinaux et la suite pontificale. La troisième fresque représente en trois épisodes *Saint Pierre délivré de sa prison*. Au dessus de la fenêtre on voit à travers les barreaux saint Pierre enchaîné entre deux gardiens. Tous trois dorment profondément. Un ange éclatant de lumière vient pour sauver le prisonnier. A droite de la fenêtre, l'ange fait passer saint Pierre au milieu des soldats endormis qui gardent les abords de la prison. A gauche, les soldats s'éveillent et sont consternés de cette fuite inattendue.

La quatrième peinture murale nous montre *Attila arrêté dans sa marche par saint Léon le Grand*. Dans la fresque, le roi des Huns est à cheval, au centre de la mêlée; la vue des patrons de Rome, saint Pierre et saint Paul, semble lui inspirer la crainte. Un épouvantable ouragan bouleverse l'atmosphère et jette la terreur parmi les hordes barbares. A gauche, saint Léon le Grand, sous les traits de Léon X, environné de grands personnages de la cour de Rome, vêtus comme ils l'étaient du temps de Raphaël, s'avance calme et rassuré au devant d'Attila.

IV. — *Salle de Constantin*. — Raphaël mourut avant d'avoir pu peindre la plus vaste des quatre chambres du Vatican auxquelles il devait donner son nom. Toutefois, il avait déjà peint à l'huile les deux figures de la *Mansuétude* et de la *Justice* qu'on y voit encore; il légua la décoration de cette salle à deux de ses élèves chéris, Jules Romain et Penni. Le premier exécuta la *Défaite de Maxence par Constantin* sur le pont Milvius, sujet dont Raphaël lui avait laissé le dessin.

2° *Apparition de la croix à Constantin*, au moment où, haranguant ses soldats, il vit dans le ciel une croix lumineuse avec ces mots : *In hoc signo vinces*, par Jules Romain; 3° *Constantin recevant le baptême* des mains de saint Silvestre dans le baptistère de Saint-Jean de Latran, par Penni; 4° *Constantin donne au pape la souveraineté de Rome* : saint Silvestre est assis sur le trône pontifical; l'empereur, agenouillé, lui présente une petite figure en or de la ville de Rome.

CHAPELLE DE SAINT-LAURENT (*capella di San Lorenzo*). — Bâtie par Nicolas V pour servir de chapelle particulière à ce Souverain Pontife, elle est ornée d'admirables fresques par Frà Angelico. Les sujets traités par ce grand artiste chrétien sont le martyre de saint Laurent, de saint Etienne, etc.

LOGES DE RAPHAËL

On distingue sous le nom de loges (*loggie*) les trois rangs de portiques superposés qui forment les trois façades du Vatican sur la cour de Saint-Damase; le premier rang, qui règne au dessus du rez-de-chaussée, et le second, sont formés par des arcades soutenues par des pilastres; le troisième a des colonnes surmontées d'un entablement.

Le premier portique de la façade de Raphaël a été peint par Jean d'Udine et autres maîtres. Dans le second, sont les fameuses peintures de Raphaël. Le troisième est décoré de peintures allégoriques, exécutées par Jean d'Udine sous le pontificat de Pie IV.

Le portique de Raphaël est divisé en treize arcades soutenues par des pilastres que Jean d'Udine a couverts d'ornements en stuc et d'arabesques, sur les dessins de Raphaël. Les quatre côtés de chaque coupole s'élevant au dessus de ces arcades sont peints à fresque et présentent quatre tableaux carrés. Quarante-huit de ces tableaux sont tirés de l'Ancien Testament; les quatre derniers sont empruntés au Nouveau. Raphaël ne fit que de petites esquisses légèrement lavées à la sépia, et il abandonna l'exécution des peintures à ses élèves, sous la direction de Jules Romain.

Iʳᵉ Arcade, tout entière de Raphaël.

1º *Dieu sépare la lumière des ténèbres ;* 2º *Il sépare la terre de l'eau ;* 3º *Il crée le soleil et la lune ;* 4º *Il crée les animaux.*

IIᵉ Arcade. — 1º *Création d'Ève ;* 2º *le Premier Péché ;* 3º *l'Expulsion du Paradis ;* 4º *les Premiers Hommes dans le Paradis terrestre,* par Jules Romain.

IIIᵉ Arcade. — *Histoire de Noé,* par Jules Romain.

IVᵉ Arcade. — *Histoire d'Abraham,* par Penni.

Vᵉ Arcade. — *Histoire d'Isaac,* par Penni.

VIᵉ Arcade. — *Histoire de Jacob,* par Pellegrino, de Modène.

VIIᵉ Arcade. — *Histoire de Joseph,* par Jules Romain.

VIIIᵉ Arcade. — *Moïse,* par le même.

IXᵉ Arcade. — Continuation du même sujet, par Raphaël dal Calle.

Xᵉ Arcade. — *Josué.*

XIᵉ Arcade. — *David,* par Pierino del Vaga.

XIIᵉ Arcade. — *Salomon,* par Pellegrino, de Modène.

XIIIᵉ Arcade. — *L'Adoration des Bergers, l'Adoration des Mages, le Baptême de Notre-Seigneur, la Cène,* par Jules Romain.

Toutes ces peintures ont beaucoup souffert parce qu'elles étaient exposées aux intempéries de l'air. Pie IX les a fait restaurer et a, de plus, élevé des cloisons vitrées pour sauver d'une ruine presque certaine ces chefs-d'œuvre de l'art moderne.

BIBLIOTHEQUE DU VATICAN

On y compte aujourd'hui 24,000 manuscrits grecs, latins, orientaux, la plupart extrèmement précieux, et 50,000 imprimés.

L'antichambre possède un magnifique papyrus égyptien décrivant les rites funéraires de ce peuple. On y voit également les portraits de tous les bibliothécaires de la Vaticane.

Grande salle de la Bibliothèque. — Les principaux manuscrits sont : la Bible du IVe siècle, un Virgile du Ve, extrèmement précieux pour l'archéologie romaine ; un Térence du IXe siècle, un autre du IVe ou du Ve ; un palimpseste du traité de Cicéron *de Republica*, déchiffré par le cardinal Maï ; des Homélies de saint Grégoire le Grand, du XIe siècle ; un Dante, du XVIe : le bréviaire de Mathias Corvinus, roi de Hongrie et défenseur de la chrétienté contre les Turcs au XVe siècle ; des autographes du Tasse, de Pétrarque, de Luther, de Mélanchton ; des lettres galantes en français et en anglais d'Henri VIII à Anne Boleyn ; le livre de ce roi sur les sacrements contre Luther.

Musée chrétien (Museo cristiano). — Les parois de la salle sont revêtues d'inscriptions et de bas-reliefs en marbre détachés de sarcophages chrétiens. Autour sont huit armoires surmontées de portraits en bronze des cardinaux bibliothécaires. On y conserve beaucoup d'objets appartenant aux rites chrétiens primitifs ; des anneaux, des diptyques en ivoire et en bois, des lampes, des ciboires, des calices, des vases cinéraires en verre, des vases sacrés, etc. Ces armoires, adossées aux parois, sont ordinairement fermées et il faut une permission spéciale pour les faire ouvrir. On doit à Grégoire XVI et à Pie IX d'avoir considérablement enrichi ce musée, particulièrement de travaux guillochés, et du précieux bas-relief en ivoire qui représente *la Descente de croix*, exécutée d'après un dessin de Michel-Ange. A côté, on voit un superbe camée du temps de Pie V et orné du portrait de ce saint pontife ; c'est un don de Pie IX. On remarquera encore un magnifique ouvrage dû au burin de Benvenuto Cellini, représentant *le Triomphe de Charles V*. Mais ce qu'il y a a de plus admirable, ce sont des peintures à la détrempe exécutées par des maîtres grecs antérieurs à l'époque de la Renaissance.

Jardins du Vatican. — L'entrée de ces jardins est le vestibule de la salle de la *Bige*. On arrive alors au jardin *della Peigna*, ainsi nommé d'une énorme pomme de pin en bronze placée dans une grande niche de la façade principale. De là on descend à la terrasse de la *Navicella*, d'où l'on a un magnifique panorama de Rome.

La *Villa* ou *Casino del Papa* est l'œuvre de Perro Ligorio, a été décorée par Barocci, Zucchero et Santi Titi. Construite par Pie IV, elle a été restaurée par Léon XIII.

L'atelier de mosaïque mérite certainement une visite. Le nombre des émaux de différentes teintes monte à environ 10,000. Les artistes qui y sont employés mettent douze à vingt ans pour achever les grandes mosaïques. Chaque portrait destiné à Saint-Paul Hors-des-Murs demande une année de travail. L'entrée de cet atelier est près de la cour de Saint-Damase.

Musée du Capitole.

Les collections sont visibles tous les jours de la semaine, de 10 heures à 3 heures, moyennant 50 cent. ; le dimanche,

de 10 heures à 1 heure, gratuitement. Commençons par
Collections du PALAIS DES CONSERVATEURS.

De la place du Capitole, on entre par la grande porte
dans la cour, où se trouvent à droite de la porte une statue
de César, à gauche une d'Auguste. Dans la cour même, à
droite, la main, le bras et les pieds d'une statue colossale
en marbre; à gauche, une tête colossale en marbre, avec un
piédestal dont le bas-relief représente une province. Sous
le portique, au fond de la cour, au milieu, une statue de
Rome, ayant à ses côtés des statues de barbares. Aux murs
de l'escalier on remarque des inscriptions romaines trouvées, la plupart, sur l'Esquilin. Dans le vestibule, deux
bas-reliefs de l'arc de triomphe de Marc-Aurèle. Au fond
de ce vestibule, à gauche, l'entrée de la Protomothèque
fondée par Pie VII. Là sont réunis les bustes d'Italiens
célèbres, tels que le Dante, Pétrarque, l'Arioste, Michel-
Ange, Canova, Raphaël, Bramante, etc
Nouvelle galerie du Capitole. — Ire *salle.* Aux murs,
toutes sortes d'ustensiles de bronze dans des armoires
vitrées, puis des casques, des candélabres, des vases, etc.
— IIe *salle.* Au milieu, l'ancienne collection de médailles
Albani Campana. Aux murs, des monnaies de différentes
époques. — IIIe *salle à coupole.* Construction en fer et en
bois, dans le style pompéien. Dans le vestibule : le cippe
d'un enfant de 11 ans et demi, Sulpicius Maximus, qui, au
dire de l'inscription latine, s'est fait mourir de travail
après avoir, dans une solennité, remporté le prix sur
52 concurrents, en improvisant des vers grecs ; l'empereur
Commode, demi-statue parfaitement conservée, avec les
attributs d'Hercule ; tête de Centaure ; Athlètes trouvés à
Velletri ; Vache, d'une bonne exécution ; au dessous, un
scarcophage avec les Saisons ; Buste de Manlia Scautilla,
femme de l'empereur Didius Julianus. Aux pilastres, tête
d'Esculape bien conservée ; tête de garçon ; tête d'Amazone trouvée sur l'Esquilin; cariatides de style archaïsant.
Au dessous d'un jet d'eau, un grand cratère avec des scènes
bachiques, etc. — IVe *galerie.* Hercule combattant ; deux
Trapézophores antiques ; Esculape, bas-relief, etc. —
V^e *salle des terres cuites.* Aux murs toutes sortes d'ustensiles de ménage ordinaires (pots, cruches, coupes,
lampes, amphores. — VIe *salle des bronzes.* Au milieu, la
Louve du Capitole, avec Romulus et Rémus, en style
étrusque, peut-être celle qui fut érigée en 296 avant
Jésus-Christ par les édiles Cucius et Quintus Ogulnius.
Une lésion à la patte droite de derrière passe pour une

trace de la foudre qui la frappa, selon Cicéron, sous le consulat de Manlius et de Cotta ; les jumeaux sont modernes : un jeune berger s'arrachant une épine du pied; une tête de bronze pleine de caractère, donnée comme celle de Junius Brutus.

Galerie de peinture créée par Benoît XIV. — Ire *salle*. Au mur de droite : Le Guide, *un Bienheureux*, inachevé ; Romanelli, *Sainte Cécile* ; l'Albane, *Sainte Madeleine*; le Guerchin, *Saint Jean-Baptiste* ; le Tintoret, *Marie-Madeleine* : Rubens, *Romulus et Rémus*, etc. — 1er *Cabinet*. Le Guide, portrait de l'artiste ; Van Dyck, deux portraits d'hommes; Portrait de Michel-Ange, etc. — 2e *cabinet*. Le Titien, *Baptême de Jésus-Christ* ; Carrache, *Paysage avec sainte Madeleine*, etc. — IIe *salle*. A droite, Mazzolini, *l'Adoration des bergers* ; le Titien, un portrait d'homme ; le Guide, *Saint Sébastien*; le Guerchin, *Cléopâtre et Octave* ; Louis Carrache, *Saint Sébastien*; le Caravage, *une Bohémienne* ; l'Albane, *la Nativité de la Vierge*; le Guerchin, *Sainte Pétronille sortie de la fosse et montrée à son fiancé* ; Paul Véronèse, *l'Enlèvement d'Europe*, etc. Les SALLES DES CONSERVATEURS ne sont visibles qu'avec une permission. — IVe *salle*. Fragments des Fastes consulaires, ou listes des consuls romains trouvées au xvie siècle. — VIe *salle* (L'ancienne salle du sénat). Frise représentant des scènes de la vie de Scipion l'Africain, attribuées à Annibal Carrache. A côté se trouve l'ancienne chapelle avec une fresque à l'autel représentant la Vierge, probablement par le Pinturicchio.

Musée du Capitole, créé par Innocent X. Ce musée fut enrichi par Clément XII, Benoît XIV et Pie VI.

Rez-de-chaussée : Au milieu de la cour (*cortile*) en face et sur une fontaine, s'élève le *Marforio*, divinité fluviale colossale, avec une conque à la main.

Placée au moyen âge dans la « *via di Marforio* » vis-à-vis de la prison Mamertine, cette statue recevait les répliques aux saillies de Pasquin. — *Sous le portique* (à gauche de l'entrée) : Minerve colossale. — Ire *salle* (de gauche) : Un sarcophage, avec chasse au lion. — IIe et IIIe *salles* (de gauche) : Inscriptions, sarcophages et urnes cinéraires. — *Sous le portique* (à gauche) : Haut-relief représentant une province. Plus loin, quelques statues drapées. A droite de l'entrée principale, Diane, petit Hercule, Phébé, Mercure : — IIIe *salle* (à droite) : Grand sarcophage autrefois considéré comme celui d'Alexandre

Sévère et de sa mère Mammée. A gauche de la porte, statue assise de Pluton.

Premier étage : Aux murs de l'escalier, les fragments du plan de Rome, trouvés au xve siècle à Saint-Cosme et Saint-Damien, exécutés en marbre sous Septime Sévère. — I. *Salle du Gladiateur mourant.* Là sont rassemblées les plus belles statues du Musée. Au milieu : le Gladiateur mourant, Gaulois blessé à mort, ouvrage grec de l'école de Pergame, trouvé dans les jardins de Salluste, de même que le groupe de Gaulois de la villa Ludovisi, dont cette statue dépendait. A droite de la porte, Apollon avec la lyre. Mur de droite, Faustine, avec des traces de dorure à la tête ; tête de Bacchus ; Antinoüs de la villa d'Adrien, Satyre de Praxitèle, excellente reproduction de cette statue. — II *Salle du Faune.* Sur les murs, des empreintes de briques, des bas-reliefs et des inscriptions, entre autres la *Lex regia* de Vespasien ; tête de Junon Sospita. — III. *Grande salle.* Deux centaures en marbre gris. Marc Aurèle ; buste colossal de Trajan. — IV. *Salle des Philosophes.* Sur les murs, bas-reliefs remarquables, cinq de la frise du temple de Neptune ; au dessus de la porte d'entrée, la Mort de Méléagre. Mur de la sortie, bas-reliefs : la statue assise de Claudius Marcellus ; bustes d'hommes célèbres, Hippocrate, Homère, Eschyle, etc. — V. *Salle des bustes des empereurs.* Sur le mur de l'entrée, bas-reliefs ; au dessus de la porte, les Nymphes enlevant Hylas ; Endymion endormi à côté de lui ; Persée délivrant Andromède ; Statue de femme assise, probablement Agrippine ; Caligula en basalte ; Maximin. — VI. *Corridor.* A gauche, au petit mur, un beau vase de marbre sur un putéal de style archaïsant, où sont représentés les douze dieux ; Pallas ; tête de Silène. — VII. *Salle des Colombes,* ainsi nommée de la mosaïque d'un mur de droite, représentant des *colombes autour d'une coupe.* — VIII. *Salle de Vénus,* qui renferme la Vénus du Capitole, œuvre fameuse de la statuaire grecque, probablement d'après l'Aphrodite de Cnide, par Praxitèle, presque entièrement intacte, trouvée murée dans une maison de la Suburra.

PALAIS DU QUIRINAL

Ce palais commencé par Grégoire XIII, en 1574, sur les ruines des Thermes de Constantin, fut continué par Sixte-Quint et Clément VIII, et agrandi par Paul V; le jardin est l'œuvre d'Urbain VIII et d'Alexandre VII. Innocent X, Clément XII et Clément XIII y ajoutèrent, sur les dessins du Bernin et de Fuga, le palais destiné à la famille du Souverain Pontife; Pie VII y fit de grands embellissements; Grégoire XVI et Pie IX l'ont fait richement décorer.

Les derniers conclaves des cardinaux y ont été tenus; le Pape, nouvellement élu, était proclamé du balcon de la façade. Pie VII y mourut en 1823. C'était la résidence d'été des Souverains Pontifes. Depuis 1870, le Quirinal s'appelle *Palazzo reale* et est habité par la dynastie de Savoie. On ne peut plus en visiter qu'une partie. La chapelle Pauline est ornée de moulures et de copies en grisaille des Apôtres par Raphaël. La dixième pièce est celle où Pie VII reçut l'ordre de se rendre en France, en 1809, et que Pie IX quitta pour prendre la fuite en 1849.

Palais Barberini (via delle Quattro Fontane). — Deux escaliers, celui de droite, de Borromini, celui de gauche, du Bernin, conduisent au grand salon où l'on admire le *Triomphe de la Gloire*, par P. de Cortone; c'est le chef-d'œuvre de ce maître. La galerie est ouverte de 12 heures à 5, le lundi, le mardi et le mercredi; de 2 à 5 heures, le jeudi, et de 10 à 5 heures le samedi.

IIe *Salon.* — Tableaux : *les Fiançailles de sainte Catherine*, de l'école de Raphaël ; *Portrait d'un Cardinal*, par le Titien; *Madone*, de Sudoma; *Une esclave*, tableau attribué au Titien; *Mort de Germanicus*, du Poussin; deux *Paysages*, de l'Albane; *Marine*, par Claude Lorrain; *la Sainte Famille*, par André del Sarto.

Palais Borghèse, sur la place de ce nom. Cet immense palais, commencé en 1590 par le cardinal Borghèse, fut achevé par Paul V.

La cour est entourée de portiques que soutiennent 93 colonnes de granit. Nous donnons ici les œuvres les plus remarquables qu'on y rencontre :

Ire *Salle*. — *Madone*, par Botticelli ; *Madone*, du Pérugin ; *Portrait*, de Raphaël ; *Madone*, de Francia.

IIe *Salle*.— *Portrait d'un Cardinal*, par Raphaël ; *le Christ mis au tombeau*, magnifique tableau de Raphaël, qui ornait jadis l'autel de la chapelle Raglioni, dans l'église de Saint-François, à Pérouse.

IIIe *Salle*. — *Danaé*, du Corrège ; *Flagellation de Notre-Seigneur*, par S. del Piombo.

IVe *Salle*. — *La Sibylle de Cumes*, par le Dominiquin.

Xe *Salle*. — *L'Amour sacré et l'Amour profane*, chef-d'œuvre du Titien.

XIe *Salle*. — *La Visitation*, par Rubens ; *Portrait de Marie de Médicis*, par Van Dyck.

Palais de la Chancellerie (entre les places Navone et Farnèse). — Un des plus beaux de Rome. Les portiques de la cour intérieure, soutenus par 44 colonnes de granit, proviennent de Pompéi. C'est ici que la Constituante romaine s'assembla en 1848, et l'on sait l'infâme assassinat du courageux Rossi, commis le 21 novembre de la même année sur les premières marches de l'escalier de ce palais.

Palais Chigi, à la *piazza Colonna*, construit par J. della Porta et C. Maderne. La bibliothèque contient de nombreux manuscrits. La galerie des tableaux n'est ordinairement pas accessible au public. Elle ne contient d'ailleurs qu'un petit nombre de tableaux ; le principal est *la Conversion de saint Paul*, par le Guerchin.

Palais Colonna. — Commencé par Martin V, de la famille des Colonna, et achevé par d'autres princes et cardinaux de la même maison. Il est occupé aujourd'hui par l'ambassadeur de France. La galerie des tableaux est ouverte tous les jours au public, excepté le dimanche.

On y voit : *la Sainte Vierge avec l'Enfant Jésus et saint Jean-Baptiste*, par Jules Romain; *Madone*, par Gentile de Fabriano; *Portrait d'Onuphre Panvini*, par le Titien; *Portrait de Laurent Colonna*, attribué à Holbein; portrait par Paul Véronèse; une *Vue des ruines du palais des Césars*, par Claude Lorrain.

Le *Grand Salon* ou la *Galerie* renferme les tableaux suivants :

Assomption, par Rubens; portrait de *Charles Colonna*, par Van Dyck.

La *Sainte Vierge avec saint Pierre*, par Palma le Vieux; la *Sainte Vierge avec des saints*, par le Titien.

Palais Corsini. — Ce palais, un des plus vastes de Rome, fut élevé par les Riaro, neveux de Sixte IV, et devint la résidence de Christine, reine de Suède, qui y mourut en 1689.

Voici les meilleurs tableaux :

Ecce Homo, du Guerchin; *Madone*, par Carlo Dolce; la *Sainte Famille*, par Fra Bartolommeo; *Ecce Homo*, de Carlo Dolce; *Portrait de Philippe II, roi d'Espagne*, par le Titien; *Portrait de Jules II*, par Raphaël; *Ecce Homo*, du Guide; la célèbre *Hérodiade*, du Guide; *la Mort d'Adonis*, par Ribera; *la Sainte Vierge avec l'Enfant Jésus*, par Murillo; trois œuvres admirables de Fra Angelico : *la Descente du Saint-Esprit*, *l'Ascension*, *Notre-Seigneur élevé en gloire*; *la Femme adultère*, par le Titien; *Madone*, par Francia.

La bibliothèque, fondée par le cardinal Neri Corsini, occupe neuf salles et renferme 1.300 manuscrits et 6.000 volumes, parmi lesquels se trouvent un grand nombre de livres imprimés dans le XVe siècle.

Palais Doria Pamphili, au Corso. — Voici l'indication des principaux tableaux :

Mariage de sainte Catherine, de l'école de J. Bellini; *Deux Avares*, par Quentin Metsys; *Portrait d'un Juge*, par le Pordenone; *Jeanne II*, reine de Naples, par Léonard de Vinci ; *Paysage*, par le Lorrain ; *Un moulin*, par le Lorrain ; *Portrait*, par le Giorgione : *la Sainte Famille*, par Fra Bartolommeo ; *Portrait d'André Doria*, par Sébastien del Piombo ; *Portrait d'Innocent X*, par Velasquez ; *Deux Hypocrites*, par Quentin Metsys ; *la Sainte Famille*, par André del Sarto ; *la Visitation*, par Garofalo ; *les Noces aldobrandines*, copie faite par le Poussin ; *la Sainte Vierge et l'Enfant Jésus*, par le Guide.

Rome ancienne (1)

I. TEMPLE D'ANTONIN LE PIEUX. — Il reste de cet édifice onze colonnes cannelées remarquables par leur beauté ; elles sont en marbre blanc, à chapiteaux ornés de feuilles d'olivier. Dans l'intérieur, on voit quelques fragments de la *cella* avec des compartiments ornés de stuc. Innocent XII fit utiliser ces magnifiques restes en les affectant au service de la douane ; Fr. Fontana fut chargé de ce travail sous Clément XII. Dans des fouilles exécutées antérieurement, on a trouvé un angle de la corniche de ce portique, orné de têtes de lion qui servaient à l'écoulement des eaux.

II. LE PANTHÉON (la *Rotonda*, sur la place de ce nom, entre le *Corso* et la place Navone), bâti en l'an 27 avant Jésus-Christ, le plus beau des nombreux monuments qui s'élevaient dans l'immense plaine du Champ-de-Mars. Il est précédé d'un péristyle composé de seize colonnes de granit qui supportent un majestueux fronton. Les entre-colonnements vont en diminuant, à partir de celui du milieu. Sur la frise on lit l'inscription suivante : M . AGRIPPA . L . F . COS . TERTIUM . FECIT . (*Fait par Marcus Agrippa, fils de Lucius, consul pour la troisième fois.*) A l'intérieur, le temple est circulaire et couvert par une coupole de 48ᵐ,49 de diamètre et autant de hauteur. La coupole repose

___

(1) L'ouvrage de l'éminent chanoine de Bleser nous a beaucoup servi pour cette partie de notre livre, ainsi que pour la description des églises. C'est certainement la meilleure monographie de la Ville éternelle.

sur un mur de 25 pieds d'épaisseur dans lequel étaient ménagés huit édicules, transformés aujourd'hui en autels. Entre ces édicules, on a creusé dans le mur trois chapelles.

Dans ces chapelles et ces édicules devaient se trouver les statues des principales divinités de Rome. Jupiter Vengeur occupait la grande niche qui fait face à la porte d'entrée. Les colonnes qui règnent autour de la Rotonde supportent un entablement de marbre blanc rehaussé par une frise de porphyre. Le Panthéon n'a aucune fenêtre ; il reçoit la lumière par une seule ouverture pratiquée dans le milieu de la voûte.

Fermé depuis 391 jusqu'en 608, il fut ouvert et purifié par le pape Boniface IV, qui le consacra au seul et unique Dieu, sous l'invocation de Marie et des saints Martyrs ; de là lui est venu le nom de *Santa Maria ad Martyres*. Il y transporta, pour la consécration, vingt-huit chariots d'ossements sacrés, provenant des catacombes, et y plaça l'antique image de la Sainte Vierge que le chapitre de Saint-Pierre couronna en 1652. Les Souverains Pontifes ne cessèrent de veiller à la conservation de l'œuvre de Marcus Agrippa. Martin V, Eugène IV, Nicolas V, Pie IV, Clément VIII et Benoît XIV firent successivement dégager et réparer l'édifice. Pie VII renouvela une partie de la couuerture de la coupole. Sous Pie IX, on démolit, en 1852, plusieurs maisons adossées à l'église.

Dans la dixième chapelle, repose une partie des restes du cardinal Hercule Consalvi, le fidèle ministre d'Etat de Pie VII. Le bas-relief du monument qui lui fut érigé et le portrait, d'une ressemblance admirable, qui le surmonte, sont de Thorwaldsen. Dans la onzième : statue de la *Madona del Sasso* sculptée par Lorenzo Lotti surnommé Lorenzetto. A gauche, sous le soubassement de cette statue, on conserve les restes de Raphaël Sanzio d'Urbin. D'un côté repose sa fiancée qui le précéda de trois mois dans la tombe ; de l'autre, Annibal Carrache.

III. LA PRISON MAMERTINE, au bas du Capitole, se compose de deux parties : la partie haute et la partie basse. La première est une chambre quadrangulaire qui ne recevait autrefois de jour que par un grillage qui se trouvait au dessus de la porte. Aujourd'hui elle est éclairée par un soupirail ouvert dans l'église *San Pietro in Carcere* bâtie au dessus.

La partie basse s'appelait *Tullianum*. C'est un souterrain dans lequel on ne pénétrait que par un trou circulaire très étroit, percé au centre de la voûte. De nos jours,

Mgr de Forbin-Janson, ancien évêque de Nancy, y a fait pratiquer à ses frais un escalier commode. C'est dans le Tullianum qu'on exécutait, à la lueur des torches, les criminels de lèse-majesté; après, on les précipitait dans le Tibre.

Jugurtha, roi de Numidie, y mourut de faim; Cicéron y fit étrangler les complices de Catilina; César y fit mettre à mort son héroïque adversaire, le Gaulois Vercingétorix; Tibère y fit subir le même sort à Séjan.

Le plus ancien monument de l'histoire romaine est aussi le plus ancien monument de la tradition chrétienne à Rome. Suivant cette tradition, après avoir été incarcérés dans le souterrain de Sainte-Marie *in Via Lata*, saint Pierre et saint Paul furent amenés à la prison Tullienne, où ils furent détenus huit à neuf mois. Pendant qu'ils s'y trouvaient, deux geôliers, Processus et Martinien, ainsi que quarante-sept autres prisonniers, s'y convertirent à l'Evangile. Comme l'eau manquait pour leur conférer le baptême, saint Pierre fit jaillir miraculeusement une source que l'on montre encore aujourd'hui; elle est près de la colonne à laquelle l'apôtre était attaché, en sorte qu'il put, malgré ses chaînes, y puiser l'eau nécessaire à la régénération de ses néophytes. Les pèlerins catholiques ne sortent jamais de ce trou froid, humide, où l'eau suinte sans cesse, où le pavé est couvert d'une espèce de boue noire, sans boire de l'eau de la source miraculeuse.

IV. — Immédiatement au dessus de la prison Mamertine est bâtie l'Eglise de Saint-Pierre in Carcere, où l'on vénère un crucifix miraculeux.

V. Cloaca Maxima. — C'était l'égout principal où aboutissait un vaste réseau de conduits souterrains et dont il allait décharger le tribut dans le Tibre. Une partie de la Cloaca Maxima existe encore parfaitement conservée, et il n'y manque pas une pierre. Elle se compose de trois arches concentriques de maçonnerie sans ciment. Quand les eaux du Tibre sont basses, on peut pénétrer en bateau dans la Cloaca Maxima.

VI. La Voie Appienne, commencée par le censeur Appius Claudius. Elle partait de la porte Capène et allait aboutir à Brindes; elle avait donc une étendue de 588 kilomètres. Formée d'énormes quartiers de lave, elle avait une largeur de quatorze à quinze pieds. Pie IX l'a fait déblayer depuis le tombeau de Cecilia Metella jusqu'au delà de l'endroit nommé *Fratocchie*.

VII. Thermes de Caracalla (*Terme di Antonino*), à droite

de la Voie Appienne. — Ils furent commencés en 212 par Caracalla, développés et achevés par Héliogabale et Alexandre Sévère. Olympiodore raconte que 1,600 baigneurs pouvaient y trouver place à la fois. Ces thermes formaient un immense carré de 1,050 pieds de chaque côté; au centre s'élevaient les bâtiments où l'on prenait les bains; ils étaient entourés de portiques, de promenades plantés d'arbres, d'un stade (*theatridium*) et de galeries consacrées aux exercices gymnastiques.

Les fouilles qu'on a faites autrefois dans les thermes du Caracalla ont mis au jour une foule de chefs-d'œuvre de l'art ancien. C'est là qu'au XVIe siècle furent trouvés l'Hercule Farnèse, la Flore, le Taureau de Farnèse, réunis aujourd'hui à Naples dans le Musée national; le Torse, les deux gladiateurs, la Vénus Callipyge du musée du Vatican.

Pour avoir une vue d'ensemble des thermes de Caracalla, on monte un escalier qui se trouve dans le *caldarium*. C'est un point admirable pour s'imprimer à jamais dans l'esprit le panorama de la campagne romaine. Ces magnifiques thermes furent saccagés par Vitigès en 537.

VIII. COLONNE DE MARC-AURÈLE ANTONIN sur la place Colonna à laquelle elle a donné son nom. Les bas-reliefs représentent les exploits de Marc-Aurèle dans la Germanie et ses victoires sur les Marcomans: l'un d'eux perpétue le souvenir du miracle de la *légion fulminante*.

La colonne Antonine était fortement endommagée par la foudre et par les incendies de Rome, quand Sixte-Quint la fit restaurer et la dédia à l'apôtre saint Paul, dont la statue surmonte aujourd'hui la colonne.

IX. COLONNE DE TRAJAN sur la place Trajane, érigée à ce prince par le Sénat et le peuple romain en 114.

La statue de Trajan, en bronze doré, était anciennement placée au sommet. Quand Sixte-Quint restaura la colonne, il la fit surmonter de la statue de saint Pierre.

Le fût est couvert de bas-reliefs admirablement sculptés, représentant les deux campagnes de Trajan contre Décébale, roi des Daces, l'an 101. On y compte environ 2,500 figures d'hommes.

X. OBÉLISQUE DU VATICAN, d'une seule pièce. Il avait été taillé, dit-on, à Hiéropolis et transporté à Rome par Caligula. Cet empereur le fit placer dans son cirque du Vatican qu'on appela plus tard le cirque de Néron; c'est le seul qui soit resté debout à la place où il avait été élevé, près de l'endroit où est aujourd'hui la sacristie de Saint-Pierre.

XI. OBÉLISQUE DE SAINT-JEAN DE LATRAN, le plus grand

et le plus ancien de tous. Constantin le Grand le fit transporter, par le Nil, d'Héliopolis à Alexandrie, et son fils Constance, d'Alexandrie à Rome. Renversé par les Barbares, il resta enseveli jusqu'à ce que Sixte-Quint le fit restaurer.

Les autres obélisques sont devant Sainte-Marie-Majeure, à la place du Peuple, place Navone, place de la Minerve, etc.

XII. MAUSOLÉE D'AUGUSTE (entre la *Via dei Pontifici* et la *Via di Ripetta*. — Erigé par Auguste pour lui et les siens l'an 27 avant Jésus-Christ, entre le Tibre et la voie Flaminienne. De ce monument il ne reste plus que deux enceintes à appareil réticulé; une grande porte dans la *Via dei Pontifici* y donne accès.

XIII. PYRAMIDE DE CESTIUS, l'unique monument de ce genre à Rome, près de la porte de Saint-Paul. C'est le tombeau d'un prêtre, membre du Collége pontifical des *epulones* dont la principale fonction consistait à préparer un banquet somptueux (*lectisternium*) en l'honneur de Jupiter et des douze grands dieux. On trouve au milieu de cette masse une chambre sépulcrale dont la voûte en berceau porte des traces de peintures élégantes.

XIV. MAUSOLÉE D'ADRIEN (Château Saint-Ange, *Castello del Angelo*, près du Tibre). — D'après Procope, ce monument, revêtu de grandes plaques de marbre de Paros, s'élevait sur un large soubassement carré, orné de festons et de bucrânes. Aux quatre angles on voyait des groupes d'hommes et de chevaux, le tout en bronze doré. La rotonde qui dominait ce soubassement était décorée d'un double rang de pilastres qui soutenait un entablement surmonté de statues. Au sommet du monument était, selon les uns, la statue d'Adrien, et selon les autres, une pomme de pin. Ce fut la sépulture des empereurs et de leurs familles, depuis Adrien jusqu'à Septime Sévère.

Le mausolée resta dans son état primitif jusqu'à l'époque où Honorius le fit entrer dans sa ligne de défense de la ville de Rome. En 537, les Goths, commandés par Vitigès, y vinrent assiéger les Romains qui s'y étaient retranchés et qui se servaient des débris des statues comme de projectiles. Depuis ce temps, ce monument forma un des points stratégiques de Rome. En 590, lors d'une procession pour implorer la cessation de la peste, saint Grégoire le Grand y vit apparaître l'archange saint Michel remettant l'épée au fourreau. La peste aussitôt cessa, et pour perpétuer le souvenir de cet événement,

Boniface IV construisit la chapelle Saint-Michel que rempla-ça plus tard une statue en marbre de l'ange, et, en 1740, la statue de bronze qui s'y trouve actuellement. A partir de Boniface IX, le mausolée resta au pouvoir du Souverain Pontife. Clément VII s'y réfugia quand la soldatesque du connétable de Bourbon dévasta Rome. En 1644, Urbain VIII mit l'édifice dans l'état qu'il présente aujourd'hui. Pour le visiter, il faut une permission du commandant de la division territoriale de Rome, via del Burro, 147 (50 cent. de pourboire).

Forum.

C'était la place publique de l'ancienne Rome. Décoré des monuments les plus magnifiques, le Forum comptait un si grand nombre d'édifices que, quelle que soit l'ardeur scientifique des archéologues, on n'est pas encore parvenu à reconnaître l'état civil de toutes les ruines.

A l'origine, lieu de réunion des Romains et des Sabins; plus tard, il se couvre de marchés et de basiliques. Successivement embelli par Jules-César, Auguste, Néron et Trajan, il subsiste à peu près intact jusqu'au xie siècle. En 1024, un incendie allumé par Robert Guiscard boule-verse de fond en comble le Forum, qui devient en peu de temps un dépôt d'immondices. La déchéance de cet ancien théâtre de la grandeur romaine prend même des proportions telles que l'historien se trouve obligé de lui reconnaître le caractère d'une punition divine. Le Forum perd jusqu'à son nom, et dans la langue populaire il n'est plus connu que sous celui de *Campo vaccino* (champ des vaches).

Nous allons passer en revue les ruines enfermées dans le Forum en nous inspirant de l'excellente monographie de M. du Pays. Commençons par le

TABULARIUM. — C'est un des rares monuments du temps de la République. Il se composait d'une quintuple rangée de voûtes, dont la dernière était une espèce de portique ouvert. Il n'en reste aujourd'hui que les massives subs-tractions qui portent le moderne palais du Sénateur. C'est dans le Tabularium qu'on gardait les tables de bronze contenant les sénatus-consultes et les décrets du peuple.

ARC DE SEPTIME SÉVÈRE. — Construit en l'honneur de cet empereur et de ses fils Caracalla et Geta, en mémoire de leurs victoires sur les Parthes et les Arabes. La statue de Septime Sévère couronné par la Victoire, sur un char à dix chevaux, surmontait le sommet. Les bas-reliefs représentent les Parthes forcés de lever le siège de Nisibis, la prise de Babylone, de Séleucie et de Ctésiphon, le passage de l'Euphrate et du Tigre, etc. — Derrière l'arc de Septime Sévère sont les restes du Temple de la Concorde. Il n'en reste que des vestiges de la *cella ;* mais de beaux débris sont conservés dans le Tabularium et au musée du Capitole.

A droite du Temple de la Concorde, en regardant le Forum et en avant du Tabularium, sont trois colonnes de l'ordre corinthien en marbre blanc de Carrare, généralement connues comme appartenant au

TEMPLE DE VESPASIEN. — Construit par Domitien, ce temple fut restauré par Septime Sévère et Caracalla. A côté était la Schola Xanta et le Portique des douze Dieux. Cet édifice servait d'habitation à la compagnie (Schola, confrérie) des scribes autorisés, qui délivraient aux avocats ou aux magistrats des copies authentiques des lois inscrites sur les tables de bronze dans le Tabularium.

En avant du Temple de Vespasien, on voit huit colonnes d'ordre ionique, sur la destination desquelles il règne beaucoup d'incertitude.

TEMPLE DE SATURNE. — On y conservait le trésor public. Il était adossé aux énormes substructions du Capitole (Tabularium). Il ne reste plus que des traces du haut *perron* qui donnait accès au portique. Le tribun Metellus était debout sur ce perron, lorsqu'il essaya vainement de s'opposer à l'attentat de César, qui le menaça de mort, fit enfoncer les portes et pilla le trésor public, enlevant 26,000 lingots d'or.

La première tribune aux harangues, ou les *Rostres*, était située devant la curia Hostilia, où s'assemblait ordinairement le Sénat (vers l'emplacement actuel de l'église Sant' Adriano, située sur le Forum, au coin de la rue Bonella). Elle avait la forme d'un hémicycle. Quelques archéologues ont cru la reconnaître dans une construction semi-circulaire récemment découverte, et qui s'étend entre l'arc de Septime Sévère et les huit colonnes du temple précédent. Mais ce n'est pas là, dit Ampère, la tribune libre de la République, c'est la tribune officielle de l'Empire.

COLONNE DE PHOCAS. — Isolée au milieu du Forum, en avant des monuments précédents; fut élevée en 608 par l'exarque Smaragdus, usurpateur byzantin, en l'honneur de Phocas, et, portait sa statue dorée.

BASILIQUE JULIA. — Fut construite par César et consacrée après la bataille de Thapsus. Les fouilles ont mis à découvert presque tout le plan de ce vaste édifice, pavé en marbre de différentes espèces. Quelques-unes des arcades, qui supportaient un étage supérieur, ont été restaurées. On y a découvert les restes d'une église.

Une des ruines du Forum sur laquelle il y a eu le plus de controverses, ce sont les trois belles colonnes d'ordre corinthien qui appartiennent au *Temple de Castor et de Pollux*, ouvert l'an 484 avant Jésus-Christ, restauré sous Auguste et par Domitien. Les dernières fouilles ont découvert le massif de maçonnerie qui supportait les dix-huit degrés de l'escalier montant au temple.

A l'est du temple de Castor et Pollux, entre ce temple et celui d'Antonin et de Faustine, restes du *Temple de Jules César*, l'emplacement du lieu où le peuple, soulevé par le discours d'Antoine, brûla les restes de César.

Côté gauche du Forum: Eglise Sant'Adriano, bâtie en 630 sur une partie de l'emplacement de la basilique Emilie. Plus avant est le *Temple d'Antonin et de Faustine*, aujourd'hui San Lorenzo in Miranda. Le portique est orné de dix colonnes, magnifiques monolithes, en marbre cipolin, hautes de 14m,40, compris la base et le chapiteau ; les bas-reliefs de l'entablement et de la frise représentent des candélabres et des griffons. — L'église San Lorenzo occupe la *cella* du temple. Vient ensuite le *Temple de Romulus et de Rémus*, fils de Maxime. La cella conservée est de forme circulaire et sert de vestibule à l'église de Saint-Cosmo et Saint-Damien.

A côté de cette église, sont trois arcs gigantesques, restes de la *Basilique de Constantin*. Cette basilique est partagée en trois nefs gigantesques, par d'énormes piliers. On peut monter sur les ruines pour jouir de la vue.

Le TEMPLE DE VÉNUS ET ROME se composait de deux temples adossés, ayant deux façades, l'une vers le Capitole, l'autre vers le Colisée. Autour s'étendait un portique carré extérieur, formé de deux rangs de colonnes de granit. On en voit quelques fragments sur le sol. Ce fut le dernier temple ouvert au paganisme à Rome; il fut fermé seulement en 391 par Théodose.

A la hauteur de l'église Santa Francesca Romana, et au

pied des murs des jardins Farnèse (mont Palatin), est le célèbre

Arc de Titus, élevé par le Sénat et le peuple romain, en l'honneur de Titus, pour la conquête de Jérusalem. Il est de marbre pentélique. Moins grand que les autres arcs de triomphe, il n'a qu'une seule arcade, mais c'est le plus beau monument de ce genre qui soit parvenu jusqu'à nous.

De l'arc de Titus, on rencontre d'abord les restes du bassin et de la borne dite : *Meta Sudans*, borne-fontaine dont parle Sénèque, qui demeurait dans le voisinage, et se plaint du bruit que faisait à côté un baladin jouant de la trompette. Elle fut reconstruite par Domitien. Vis-à-vis et près du Colisée, les restes du piédestal de la statue colossale de Néron.

A droite et à l'entrée de la via San Gregorio (ancienne Voie triomphale), à l'endroit où celle-ci rencontrait la voie Sacrée, on voit

L'Arc de Constantin, érigé par le Sénat et le peuple romain, pour ses victoires sur Maxence et Lucinius.

Nous terminons notre course du Forum au Colisée.

Le Colisée. — C'est la plus gigantesque ruine de l'ancien Rome.

Commencé l'an 72 par Vespasien et dédié par Titus l'an 80, il fut, dit-on, construit par un architecte chrétien nommé Gaudentius, qui fut martyrisé plus tard. Plusieurs milliers de prisonniers juifs y travaillèrent; on dit que 12,000 succombèrent à la peine. Jusqu'en 523, l'amphithéâtre vit couler dans son arène le sang des gladiateurs et des bêtes féroces. Entre temps, les barbares vinrent se promener sur ces gradins et purent contempler plus d'une fois cette arène du Colisée, qui avait bu si souvent le sang de leurs ancêtres. Du xie au xiie siècle, il servit de forteresse aux familles puissantes qui dominaient alors à Rome; et c'est à cette époque, dit le chanoine de Bleser, qu'il faut rapporter à ses plus grands désastres. Benoît XIV tint à cœur de sauver ce gigantesque monument en le consacrant à la mémoire des martyrs. Pie VII fit

construire l'énorme contre-fort que l'on aperçoit
du côté de Saint-Jean de Latran. Grégoire XVI
y fit faire beaucoup de constructions et de répa-
rations. Enfin Pie IX fit rétablir les pilastres et
les voûtes qui avaient disparu.

Le grand axe du Colisée a 200 mètres de
longueur et le petit 167; la hauteur de l'extérieur
est de 49 mètres. A fleur de terre, on trouve un
portique qui règne tout autour de l'édifice; il
servait d'entrée et communiquait avec les escaliers qui montent aux portiques supérieurs. Aux
deux pointes de l'ovale, s'ouvrent deux grandes
portes formant deux arcs d'une beauté et d'une
dimension extraordinaires; toutefois celle qui
regarde le Forum est un peu plus petite que
l'autre. On s'accorde à dire que c'est par la
première qu'on introduisait les gladiateurs. La
seconde tournée vers Saint-Jean de Latran,
donnait passage aux machines, aux arbres
touffus et aux autres grands mécanismes employés dans certains jeux. A droite et à gauche
des deux entrées principales, il y a 80 autres
portes plus petites par lesquelles entraient les
spectateurs. On distingue dans le Colisée, l'arène,
le podium, les gradins et les terrasses. L'arène
est l'espace vide dans lequel combattaient les
animaux et les hommes. Au milieu, s'élevait
autrefois la croix du divin Rédempteur, que le
directeur des fouilles a fait disparaître depuis 1871.

Autour de l'arène, règne le *podium* avec un
revêtement en marbre d'environ huit pieds d'élévation. Plus haut on voit trois rangs de gradins,
séparés par des couloirs; ils vont toujours en
s'élargissant à mesure qu'ils s'élèvent; de là le
nom de *cunci* (coins) qu'on leur a donné. Apparaît
enfin la terrasse formant une esplanade autrefois
bordée d'une galerie en parapet.

On compte qu'environ cent mille spectateurs
pouvaient trouver place aux fêtes impériales. Il
faut monter à la terrasse pour pouvoir se faire

une idée de la grandeur du Colisée; un escalier
très foulé du côté du Forum, y donne accès
(pourboire, 50 cent.). Dans cette arène, sont
enterrés Eustache, capitaine de cavalerie sous
Titus au siège de Jérusalem, et général des
armées romaines sous Adrien; avec lui son épouse
et ses deux fils; puis les illustres vierges Martine,
Tatiane et Prisca, toutes trois filles de consuls et
de sénateurs; le sénateur Julius Harius, fils d'un
autre sénateur; les évêques Alexandre et Eleu-
thère, les jeunes princes persans Abdon et
Sennon, et une foule de héros dont le triomphe
illustra ce Capitole des martyrs.

En 1750, Benoît XIV érigea au Colisée les quatorze stations du Chemin de la Croix, et saint
Léonard de Port-Maurice fonda la confrérie qui,
le dimanche et le vendredi de chaque semaine,
deux heures avant l'*Ave Maria*, y fait solennellement ce pieux exercice. Les confrères partent
de leur oratoire situé au Forum; une grande
croix de bois marche en tête, portée ordinairement par le cardinal protecteur de la confrérie,
revêtu d'un sac de la pénitence. La procession
des confrères est immédiatement suivie de celle
des *Sorelle* (sœurs) qui s'avance comme la première précédée de la croix portée par une dame
romaine. Le double cortège se dirige lentement
vers le Colisée au chant des hymnes et des can-
tiques. Arrivées au centre de l'arène, les deux
confréries se rangent autour de la grande croix,
sur le piédestal duquel monte un religieux du
couvent de Saint-Bonaventure du Palatin. On
s'arrête successivement à chaque station, puis le
cortège retourne à son oratoire.

Les Catacombes

Les catacombes de Saint-Calixte et de Sainte-Agnès ont
particulièrement droit à la visite des pèlerins. N'est-ce pas

là que la foi catholique a eu son premier temple? Les catacombes sont visibles tous les jours (1). On paie 1 à 2 francs au guide si l'on est seul, et 50 cent. par personne si l'on fait partie d'un groupe (2). Emporter une bougie (*cerino*), car celle du guide ne suffit pas pour une société.

Pour se rendre aux *Catacombes de Saint-Calixte*, il faut aller sur la voie Appienne, à 25 minutes de la porte Saint-Sébastien. A l'entrée de la vigne où se trouve l'orifice, est placée une petite maison en briques, avec trois absides, que M. de Rossi considère comme l'ancien *oratorium Sancti-Calixti in Arenariis*. Après avoir traversé une galerie de sépultures, on tourne à gauche et l'on pénètre dans une grande salle appelée Crypte des Papes (*camera papale, cubiculum pontificum*). On y voit les pierres sépulcrales des Papes saint Asitère, saint Lucius, saint Fabien et saint Eutychianus.

Au fond de la crypte est l'autel sur lequel on célébrait les saints mystères. Le pape Damase y a fait graver par son secrétaire Furius Dyonisius Philocalalus une épitaphe en onze vers latins qui rappelait les vertus de saint Sixte II.

Des deux côtés de l'entrée, en dehors, une foule d'inscriptions (*graffitti*), en caractères grecs et latins, ont été sommairement burinées sur les murs, par de pieux visiteurs, du iv⁰ au vi⁰ siècle.

On entre du caveau pontifical dans une salle à ciel ouvert (*luminarium*), qui renfermait autrefois le tombeau de sainte Cécile, actuellement à l'église Sainte-Cécile, au Trastévère.

C'est en 1854 que M. de Rossi découvrit ce tombeau. Dans son admirable Histoire de sainte Cécile, D. Guéranger raconte avec émotion cette découverte :

« Enfin, dit-il, les travaux des excavateurs aboutiront,
» et ce fut un solennel moment que celui où l'on passa de
» la Crypte des Papes dans cette crypte antique irrégu-
» lière, mais, plus vaste encore, où la fresque naïve du
» vi⁰ siècle apparut sur la muraille, représentant la mar-
• tyre en prière, les bras étendus, et au dessous d'elle,
» un personnage revêtu de la *casu'a*, ayant près de lui

(1) Adresser les demandes à la chancellerie du cardinal-vicaire, rue della Scrofa, 70, entre 11 heures et midi. On peut aussi se procurer des billets chez les libraires Spithœver et Piale.

(2) Si l'on veut y faire des études, il faut s'adresser au savant et obligeant Commandeur de Rossi, place d'Ara-Cœli, 17.

» son nom, *Sanctus Urbanus* Le tombeau de Cécile était
» retrouvé pour la seconde fois, et quelque chose de la
» joie qui remplit l'âme de Paschal en 821, se fit sentir aux
» heureux témoins de cette découverte. L'arcature sous
» laquelle avait reposé le sarcophage était là ; vide, il est
» vrai, mais pleine de souvenirs sacrés. »

Le 22 novembre, jour de la fête de sainte Cécile, on célèbre la messe dans l'hypogée pontifical, et la chapelle ainsi que les parties environnantes des catacombes sont illuminées et ouvertes au public. Les galeries voisines renferment plusieurs sépultures, décorées de peintures symboliques, représentant la Communion, le Baptême, etc. On remarque aussi la *sépulture du pape saint Eusèbe*, avec une copie antique d'une inscription damasienne ; puis un tombeau renfermant deux sarcophages. Mentionnons également le *tomb au du pape saint Corneille*, qui faisait originairement partie d'un cimetière à part, celui de Sainte-Lucine.

Les catacombes des saints Nérée et Achillée ou de *Domitille*, situées près des précédentes (via delle Sette Chiese), possèdent plus de 900 inscriptions. Ces hypogées sont avec les Cryptes de Lucine et les catacombes de saint Priscille, ceux qui remontent aux premiers siècles du christianisme. Domitille était de la famille impériale des Flaviens. En 1853, lorque Mgr de Mérode fit recommencer les fouilles, au lieu d'un hypogée, on découvrit une basilique à plusieurs nefs, dans laquelle, suivant M. de Rossi, saint Grégoire le Grand aurait prononcé sa 28e homélie. Pendant tout le viie siècle, la basilique de Sainte-Pétronille fut fréquentée par une multitude de pèlerins ; elle fut détruite lors de l'invasion des Lombards. On a résolu de la reconstruire et de la rendre au culte.

Sur une colonne est un bas-relief, le Martyre de saint Achillée, la plus ancienne représentation (ive siècle) peut-être de ce genre.

Les autres catacombes sont celles de Saint-Prétextat (après San Urbano) ; de Sainte-Priscille, sur la voie Salara (peintures du iie siècle) ; de Sainte-Agnès (sous l'église Sainte-Agnès Hors-les-Murs) (elles sont encore à peu près dans leur état primitif) ; de Saint-Sébastien ; de Saint-Pierre et de Saint-Marcellin, de Saint-Porcien, et l'oratoire de Saint-Alexandre.

NAPLES

La gare (*stazione centrale*) est située à l'extrémité sud est de la ville. Les principaux hôtels
ont leurs omnibus. Le voyageur doit se garder
contre les officieux de toute sorte qui viennent
l'assiéger. Qu'il appelle au besoin un agent de
police. Se défier des pick-pockets. Transport, une
malle de la gare à la ville : 30 cent.

Voitures. — Fiacres sur toutes les places
publiques. On les prend ou *all'ora* ou *alla corsa* :
voiture à deux chevaux, la course, 1 fr. 20; — la
première heure (de jour) coûte 2 fr.; chaque
demi heure suivante, 70 cent. — Voiture à un
cheval : la course à l'intérieur de la ville, qui ne
dure pas plus d'une demi-heure, 60 cent.; — la
première heure 1 fr. 40; chaque heure suivante,
1 fr. — Voiture pour Portici (à 1 cheval), 1 fr. 70;
(à 2 chevaux), 2 fr. 50. — Pour Pausilippe (voiture à 1 cheval), 1 fr. 50; (à 2 chevaux), 2 fr. 25. —
Ne pas se laisser exploiter par les cochers.

Omnibus. — Lignes principales : de San Ferdinando (15 cent.; le soir 20 cent.); — Du largo
Vittoria (15 et 20 cent.); — de la place del Municipio, à Portici et à San Giovanni (40 cent.).

Hôtels. — Sur les quais : la Vittoria, largo
della Vittoria, place située en face la villa Nazionale; — Grande-Bretagne, riviera di Chiaja, 279;
— d'Angleterre, riviera di Chiaja, 274; — du

Louvre, riviera di Chiaja, 253; — hôtel-restaurant Anglo-Américain, riviera di Chiaja, 287; — pension d'Italie, riviera di Chiaja, 267; — pension de la Riviera, riviera di Chiaja, 118; — pension Anglaise, riviera di Chiaja, 114; — de la Ville, riviera di Chiaja, 157 (belle vue sur le Vésuve); — Washington, à Chiatomone, en face le château de l'Œuf, avec jardin donnant sur la mer; — de la Métropole (ancien hôtel des Etrangers), Chiatomone; — hôtel royal des Etrangers, Chiatomone, (avec façade sur le nouveau quai); — le Crocelle, Chiatomone, 50; — pension d'Allemagne, Chiatomone, 25; — de Rome, à Sainte-Lucie, 5, ayant une terrasse qui domine la mer, avec établissement de bains; — de Russie, à Sainte-Lucie, 82, les fenêtres de la façade ont vue sur le Vésuve. — De New-York, Sainte-Lucie, 28.

Au centre de la ville et des affaires, hôtels de Genève, place Médina, 13 (fréquenté par les Français); — Central, en face du précédent; — du Globe, via Trovaccari, près de la fontaine Medina; — de Montpellier, près le Palais royal.

Restaurants (Trattorie). — On mange à l'italienne et à la carte (on y fume). — Café de l'Europe, largo San Ferdinando (place du Plébiscite, 44 et 45); — Gran' Caffé del Palazzo Reale, au coin de la place du Plébiscite et de la rue de Chiaja; — Al Vermouth di Torino, place del Municipio.

Cabarets, etc. — Frisi, au Pausilippe; — Trattoria dello Scaglio di Virgilio, au Pausilippe; — au Vomero Pallini, vis-à-vis du Belvédère; — près du Jardin Botanique (*polpete*, mets favori des Napolitains).

Cafés. — (Dans la plupart on ne trouve pas de journaux; il faut les acheter aux marchands ambulants.) — Benvenuto, rue di Chiaja, 140 (glaces, 60 à 80 cent.; granita ou sorbet glacé,

50 cent.; — Gran' Caffé del Palazzo Reale, place du Plébiscite. La tasse de café coûte 15 à 20 cent.; café au lait (*caffé latte*), 40 cent.; tasse de chocolat, 80 cent.

On trouve en été et en hiver sur les places et dans les rues de petites boutiques des acquajuoli, où, pour 2 cent. on peut boire un verre d'eau glacée, parfumée et à l'extrait d'anis (*sambuco*); ou de citron, 5 cent.

Changeurs (*cambio valute*) : — d'Albero, rue Roma, 246; — Russo, rue San Giacomo, 12.

Libraires. — Dufresne, cabinet de lecture français. strada Medina, 61; — Vellerano, riviera di Chiaja, 60.

Naples, la ville la plus peuplée de l'Italie, (449,300 habitants), n'a pas d'édifices publics d'une beauté en rapport avec son étendue et son opulence. En général, dit M. du Pays, les rues de Naples sont étroites. mais régulières et pavées de larges pierres volcaniques. Les égouts sont insuffisants pour l'écoulement des eaux pendant les pluies. Les rues ont différents noms: on donne celui de *strada* aux principales et aux plus larges; le nom de *ria* est employé pour quelques rues ainsi que celui de *rua* provenant du français et introduit sous la domination d'Anjou ; le nom de *rico*, aux rues de traverse, et de *ricoletto*, aux plus étroites; celui de *sotto-portico* quand le *rico* passe sous des arcades. Les deux plus belles rues sont celles de Tolède et de Chiaja. La rue de Tolède (maintenant *ria di Roma*), longue d'une demi-lieue environ, divise Naples en deux parties du nord au sud. si l'on y ajoute la strada Nuova di Capo di Monte.

Une rue nouvellement percée, la strada del Duomo, doit être signalée aussi comme une des plus belles de Naples. Elle part de l'extrémité de la piazza Cavour, est coupée à angle droit par la strada dei Tribulani, traverse toute une partie de la ville et vient aboutir sur le quai de la strada Nuova. Une nouvelle rue, le corso Vittorio Emanuele, développant dans un parcours de 4 kil. une ligne serpentine sur les flancs d'une colline, prend naissance à l'ouest de Naples, près de l'église de Piedigrotta, et après s'être élevée sur les collines de manière à permettre à la vue d'embrasser un magnifique panorama, elle contourne les bases de la montagne où est le château Saint-Elme et elle va aboutir à la strada dell' Infrescata qui descend au Musée National. Le Corso est pour les équipages un lieu très fréquenté.

Edifices.

On compte 257 églises, plus 57 chapelles dites *Serotine*, parce qu'on y réunit le soir des ouvriers, et 182 chapelles appartenant à des confréries ou corporations religieuses. On comptait dans Naples 52 couvents d'hommes et 24 de femmes. La majeure partie a été supprimée et les objets d'art ont été transportés au musée. Les églises sont en général peu remarquables :

San Gennaro (*Saint-Janvier*). — Cette église, à trois nefs et à arcades ogivales, est une des plus belles et des plus vastes de Naples La fondation en est attribuée à Charles Ier d'Anjou et à son fils Charles II. Grand portail ogival couvert de sculptures de choux frisés, style de la décadence. L'intérieur a été restauré et modernisé à partir de 1837. Auprès de la porte principale, tombeaux de Charles Ier d'Anjou, de Charles Martel, roi de Hongrie, et de Clémence, sa femme. Les fonts baptismaux sont formés d'un vase antique de basalte d'Egypte supporté par un pied de porphyre orné d'attributs de Bacchus. Sous la tribune

du maître-autel, Confession de saint Janvier, petite
église tout incrusté de marbree à arabesques,
d'un travail délicat, et soutenue par huit colonnes
d'ordre ionique. Elle fut fondée par l'archevêque
Olivier Carafa, sous la direction de l'architecte-
sculpteur Tomasso Malvita de Côme. Commencée
en 1492, elle fut achevée en 1508. Le corps de
saint Janvier repose sous le maître-autel. On
voit près de là la statue agenouillée de l'archevêque Ol. Carafa. Premier autel à droite, tableau
de *la Vierge*, par le Dominiquin.

Deux grandes chapelles ou églises annexées à
la cathédrale, s'ouvrent dans les nefs latérales : à
gauche, celle de la Santa Restituta; à droite, le
trésor de saint Janvier. La Basilique Santa Restituta (ancienne cathédrale de Naples) réunie à
la cathédrale, en forme comme une grande chapelle. Le plafond, peint par Giordano, représente
les restes de Sainte Restituta, transportés dans
une barque par des anges. A droite du chœur, au
fond de la petite nef, est la chapelle de San
Gioyanni in Fonte, ancien baptistère du VIe siècle.
A la muraille, bas-reliefs provenant d'ambons du
VIIIe siècle. Vis-à-vis de la chapelle de Santa Restituta, est la chapelle de Saint-Janvier, dite il
Tesoro, le trésor, consacrée par la ville à son
patron, après la peste de 1526, mais commencée
seulement en 1608, sur le dessin du théatin Gri-
maldi. Remarquer le beau travail de cuivre des
portes d'entrée. Cette chapelle est d'une grande
richesse de décoration, mais le principal objet
d'intérêt, ce sont les peintures exécutées dans
cette chapelle par les artistes les plus célèbres.
La sacristie contient le buste du saint en argent,
ouvrage d'orfèvrerie du XIIIe siècle, couvert de
bijoux offerts par les souverains. La plus belle
croix, en diamants et en saphirs, est un présent
de la reine Caroline (1775); une autre, en diamants
et émeraudes, a été donnée par Joseph Bonaparte. C'est dans cette chapelle que s'opère trois

fois par an (le 1er samedi de mai, le 19 septembre
et le 16 décembre), le miracle de la liquéfaction
du sang de saint Janvier, et il se renouvelle
pendant huit jours; alors toutes les richesses du
Trésor sont exposées.

SANTA CHIARA (*Sainte Claire*). — Elle était autrefois décorée de peintures de Giotto, représentant
des scènes de la vie de saint François et de sainte
Claire et des sujets tirés de l'Apocalypse; mais
toutes ces peintures ont disparu en 1752.

L'or domine partout. Le principal intérêt de
l'église consiste dans les tombeaux gothiques de
la maison royale d'Anjou. Plusieurs sont des
monuments importants pour l'histoire de la
sculpture.

Derrière le maître-autel se trouve le grand et
beau monument du roi Robert (1343), par Masuc-
cio, en 1350, ainsi que cinq autres monuments de
membres de la maison d'Anjou; un peu plus loin,
à droite, est le tombeau de Jeanne Ire, en 1382.

SAN DOMENICO (*largo San Domenico*) n'est visible
que de 7 heures à 11 heures. Entrée latérale vico
San Domenico au haut de l'escalier. Bel édifice
gothique altéré au xviie siècle par des additions
et des décorations de mauvais goût. Remarquer
le tombeau de François Carafa (à gauche de
l'autel), mort en 1470; celui de Mariano d'Alagni,
comte de Bucchiano, et de son épouse. Chapelle
de Saint-Thomas d'Aquin, tombeau de Jeanne
d'Aquino (1345).

Sacristie. — Outre les fresques du plafond, par
Solimène, on y voit une *Annonciation* attribuée à
Andréa de Salerne (Sabbatini), élève de Raphaël;
quarante-cinq grands cercueils en bois, parmi
lesquels ceux de princes et de princesses d'Aragon; tombe du célèbre marquis de Pescaire,
héros mort à l'âge de trente-six ans. Dans le
transept de droite, triptyque des frères Donzello,
représentant, sur fond doré, la Vierge et les
saints. Dans un passage conduisant à une issue

latérale (et qui était une église de Saint-Dominique au XIII° siècle), sont placés plusieurs tombeaux; le plus remarquable est celui de Porzia
Capece, par Giovanni da Nola; *la Circoncision*,
peinture murale de Marco de Sienne (1574); une
chapelle a sur l'autel un portrait de saint Dominique, apporté, dit-on, dix ans après sa mort,
par les premiers membres de son ordre. Remarquer aussi un triptyque sur fond doré, *la Vierge,
saint Jean-Baptiste et saint Antoine, abbé.*

Saint Thomas d'Aquin vécut et professa dans
le couvent attenant à l'église. On montre sa
cellule transformée en chapelle, un fragment de
son pupitre.

L'INCORONATA. — Célèbre par ses peintures à
fresque, généralement attribuées à Giotto. Elles
occupent la voûte du petit chœur, divisée en huit
compartiments, et représentent les sept sacrements et le Triomphe de la religion.

Dans le Sacrement du Baptême, on reconnaît
le portrait de Laure et de Pétrarque, et dans celui
du Mariage, le portrait du Dante. Cette composition, particulièrement remarquable pour la
beauté élégante des têtes de femmes, est curieuse
pour les costumes de cour du XIV° siècle.

SAINTE-ANNE DE LOMBARDIE. — Sur la place du
même nom, ancien couvent de Bénédictins,
actuellement occupé par les bureaux de la magis-
trature municipale. Le jardin où le Tasse pour-
suivi par l'infortune et les maladies reçut un
accueil hospitalier en 1588, est transformé en
marché. L'église renferme des sculptures remarquables. A gauche de l'entrée, monument du
général Trivulce. Première chapelle, la **Nativité
du Christ**, bas-relief de Donatello. Tombeaux de
Marinus Curialis Surrentinus, Terrenovæ comes,
du cardinal Pompée Colonna, vice-roi de Naples,
et de Charles de Lannoy († 1527), général de
Charles-Quint. La chapelle du Saint-Sépulcre
renferme un groupe en terre cuite par Modanino,

et le Christ au tombeau, entouré de six figures agenouillées.

SAN SEVERINO E SOCIO. — Sur la place San Marcellino. Tombeaux de Carlo Troya et de l'amiral Vincenzo Carafa. Dans la cour du couvent, derrière l'église, énorme platane qui passe pour avoir été planté por saint Benoît, et sur lequel a crû un figuier. Le cloître est décoré de dix-neuf fresques de Zingaro fort endommagées ; on distingue encore toutefois les principales scènes de la vie de saint Benoît. C'est l'œuvre la plus importante de l'école napolitaine et le chef-d'œuvre du peintre. Le couvent voisin renferme depuis 1818 les grandes archives du royaume dans des salles décorées de fresques et de tableaux de Corianzio. Elles comptent, dit Bœdeker, parmi les collections de ce genre les plus importantes du monde : elles contiennent environ 40,000 chartes sur parchemin, dont les plus anciennes sont en langue grecque à dater de l'an 703, et 378 volumes composés de plus de 380,000 manuscrits de l'époque et de la maison d'Anjou. etc.

LE PALAZZO REALE, ou *Palais Royal*, commencé en 1600 sous le vice-roi comte de Lemos, fut incendié en 1839, et restrauré les années suivantes jusqu'en 1841. La façade a trois étages de colonnades. A l'intérieur, magnifique escalier construit en 1651, à la base duquel sont les statues de l'Èbre et du Tage. Beaucoup de tableaux de peintres modernes dans la salle. Pour le visiter, s'adresser à l'intendance, dans le palais même, première cour à l'angle du 1er étage. Aller d'abord à la terrasse du jardin d'où l'on découvre une vue sur le port et l'arsenal. Les toiles qui décorent les salles sont d'une valeur secondaire. Du côté de la place, un petit théâtre et une magnifique salle à manger.

La 2e salle contient un *Saint Jean-Baptiste*, de L. Carrache ; un *Jésus au Temple*, du Caravage, et une *Charité*, de Schiedone.

La *salle du Trône* est richement tapissée de velours cramoisi, semé de fleurs de lis. Les bas-reliefs représentent les provinces du royaume. La galerie suivante est ornée de grands vases de porcelaine de Sèvres.

Le Castel Nuovo (*Château-Neuf*), ancienne résidence des rois des maisons d'Anjou et d'Aragon, ainsi que des vice-rois espagnols. Alphonse Ier (1442) l'agrandit et y ajouta cinq tours rondes, en partie démolies en 1862. A l'entrée du vieux fort est le principal monument de Naples, l'Arc de Triomphe érigé, en 1478, en l'honneur d'Alphonse d'Aragon. A droite de l'entrée est la salle d'Armes (*sala di San Luigi ou delle Armi*), où les étrangers ne peuvent entrer qu'avec une permission spéciale du ministre de la guerre; autrefois salle de réception des rois de Naples. En haut se trouve une chapelle gothique avec un tableau d'autel de l'Espagnolet (*Saint François de Paule*). L'église de Sainte-Barbe ou de Saint-Sébastien, dans la cour intérieure des casernes (le gardien demeure à droite de l'arc de triomphe, 50 cent.), possède une belle Madone en bas-relief sur la porte. Derrière le maître-autel, à gauche, tableau célèbre attribué à Van Dyck : *l'Adoration des Mages.* Un escalier tournant de 158 marches conduit au sommet de la tour derrière le maître-autel.

Le Museo Nazionale, autrefois *Museo Borbonico*, ou *gli Studi*. Là sont les différentes collections anciennes et modernes de la couronne de Naples, la collection Farnèse provenant de Rome et de Parme, celles des palais de Portici et de Capodimonte, ainsi que les produits des fouilles d'Herculanum, de Pompéi, de Stabies et de Cumes. C'est en son genre, dit Bœdeker, une des premières collections du monde entier, surtout pour les antiquités et les objets d'art de Pompéi et les bronzes d'Herculanum qui n'ont nulle part leurs pareils. Le directeur, le commendatore Giuseppe Fiorelli, a classé les diverses collections.

PÈLERINAGES NAPOLITAINS. — Un des plus célèbres était celui de Piedigrotta, 8 septembre, La famille royale allait en grande pompe visiter la Madone à l'église Santa Maria di Piedigrotta, près de la grotte du Pausilippe. Les filles des environs parées de leurs costumes nationaux, les prêtres à la tête de leur paroisse, les hommes portant des fruits réunis en guirlandes, etc. Les autres pèlerinages populaires sont ceux (à la Pentecôte) de Monte Virgine, près de la ville d'Avellino, et le lendemain la visite au sanctuaire de la Madona dell' Arco (8 kilom. de Naples, au pied du mont Somma). Le pèlerinage à Monte Virgine prend ordinairement cinq jours. Il y vient des habitants de toutes les parties du royaume. Les quais de Naples sont bruyamment avertis de leur retour. Leurs voitures pavoisées, tirées par des chevaux couverts de fleurs et de plumes, courent follement cherchant à se dépasser l'une l'autre; et ce mouvement vertigineux dure plusieurs heures.

TABLE DES MATIÈRES

Paris-Bordeaux. — Imprimerie Nouvelle A. BELLIER et Cie.

" MÉDITERRANÉE-EXPRESS "

TRAINS DE LUXE BI-HEBDOMADAIRES

Entre Londres, Calais, Paris (Gare du Nord), Nice et Vintimille

Viá PETITE CEINTURE, DIJON, LYON

Composés de Wagons-Lits (Sleeping-Cars) et d'un Wagon-Restaurant

ALLER		STATIONS		RETOUR
3 » soir	*dép.*	Londres.. .... *arr.*		10 45 soir
6 40 —	*dép.*	Calais........... *arr.*		7 21 —
10 47 —	*arr.*	Paris (gare du Nord) *dép.*		3 15 —
11 40 —	*dép.*	*arr.*		2 40 —
8 55 mat.	*dép.*	Lyon............ *arr.*		6 » mat.
2 25 soir	*arr.*	Marseille .... *dép.*		min. 30
2 42 —	*dép.*	*arr.*		min. 21
5 43 —	*arr.*	Saint-Raphaël .... *dép.*		9 19 soir
6 18 —	*arr.*	Cannes (Grasse). . *dép.*		8 43 —
7 » —	*arr.*	Nice.... .... *dép.*		8 » —
7 51 —	*arr.*	Monaco .... *dép.*		6 59 —
7 57 —	*arr.*	Monte-Carlo...... *dép.*		6 52 —
8 14 —	*arr.*	Menton.. .... *dép.*		6 36 —
8 23 —	*arr.*	Menton-Garavan. *dép.*		6 27 —
8 36 —	*arr.*	Vintimille........ *dép.*		6 14 —

(Colonnes latérales : « Lire de haut en bas. » et « Lire de bas en haut. »)

AVIS IMPORTANT. — Le service des voyageurs arrivant à *Paris*, ou partant de *Paris*, par les trains " MÉDITERRANÉE-EXPRESS " est fait exclusivement à la *gare* de PARIS-NORD.

Ces trains n'entrent pas à la gare de Paris-Lyon. — La traversée de Paris, du réseau du Nord au réseau P.-L.-M. et *vice-versa*, a lieu par le chemin de fer de Petite Ceinture.

JOURS DE DÉPART. — De LONDRES, CALAIS et PARIS (gare du Nord), les *mardi* et *jeudi*.

De VINTIMILLE et NICE, les *jeudi* et *samedi*.

Le nombre des places est limité.

Les trains " MÉDITERRANÉE-EXPRESS " prennent à et pour tous leurs points d'arrêt des voyageurs en destination ou en provenance de PARIS (gare du Nord) et ses au-delà sur les lignes du Nord et de l'Angleterre. Ces trains pourront prendre également des voyageurs à chacun de leurs points d'arrêt pour les autres, *à la seule condition qu'il y ait des places disponibles au passage.*

BILLETS. — On peut se procurer des billets à Paris, à la gare du Nord et à l'Agence des Wagons-Lits, place de l'Opéra, 3 ; à Nice, à l'Agence des Wagons-Lits, 1, quai Masséna, enfin à toutes les gares où ce train prend des voyageurs.

SERVICES DIRECTS

ENTRE

PARIS ET L'ITALIE

(Par le Mont-Cenis)

Billets d'Aller et Retour

de

PARIS à TURIN

1re classe.... **147 fr. 60**

2me classe.... **106 fr. 10**

MILAN

1re classe.... **166 fr. 35**

2me classe.... **119 fr.** »

GÊNES

1re classe.... **167 fr. 10**

2me classe.... **119 fr. 15**

VENISE

1re classe.... **216 fr. 35**

2me classe.... **154 fr.** »

Validité : 30 jours. (1)

ARRÊTS FACULTATIFS

Franchise de 30 kilos de bagages sauf sur les parcours italiens.

---

(1) La validité des billets d'aller et retour Paris-Turin est portée gratuitement à 60 jours, lorsque les voyageurs prennent à Turin un billet de voyage circulaire intérieur italien.

DÉPARTS DE PARIS
1re et 2e classe.

1 45 soir. | 9 » soir.

ARRIVÉES A TURIN

7 50 matin. | 2 » soir.

ARRIVÉES A MILAN

11 30 matin. | 5 25 soir.

ARRIVÉES A GÊNES

11 50 matin. | 6 4 soir.

ARRIVÉES A VENISE

6 35 soir. | 4 35 matin.

DÉPARTS DE VENISE

11 15 soir. | 9 » matin.

DÉPARTS DE GÊNES

9 » matin. | 7 5 soir.

DÉPARTS DE MILAN

10 30 matin. | 7 55 soir.

DÉPARTS DE TURIN

2 12 soir. | 11 15 soir.

ARRIVÉES A PARIS

6 45 matin. | 5 34 soir.

VOITURES DIRECTES

Départ de **Paris**, 1 45 soir.
1re classe, Lits-Toilette.

Départ de **Paris**, 9 » soir.
1re classe, 2e classe
Lits-Salons et Wagons-Lits.

Départ de **Milan**, 10 30 matin.
1re classe, 2e classe
Lits-Salons et Wagons-Lits.

Départ de **Turin**, 11 15 soir.
1re classe, Lits-Toilette.

L'heure italienne avance de 47 minutes sur celle de Paris.

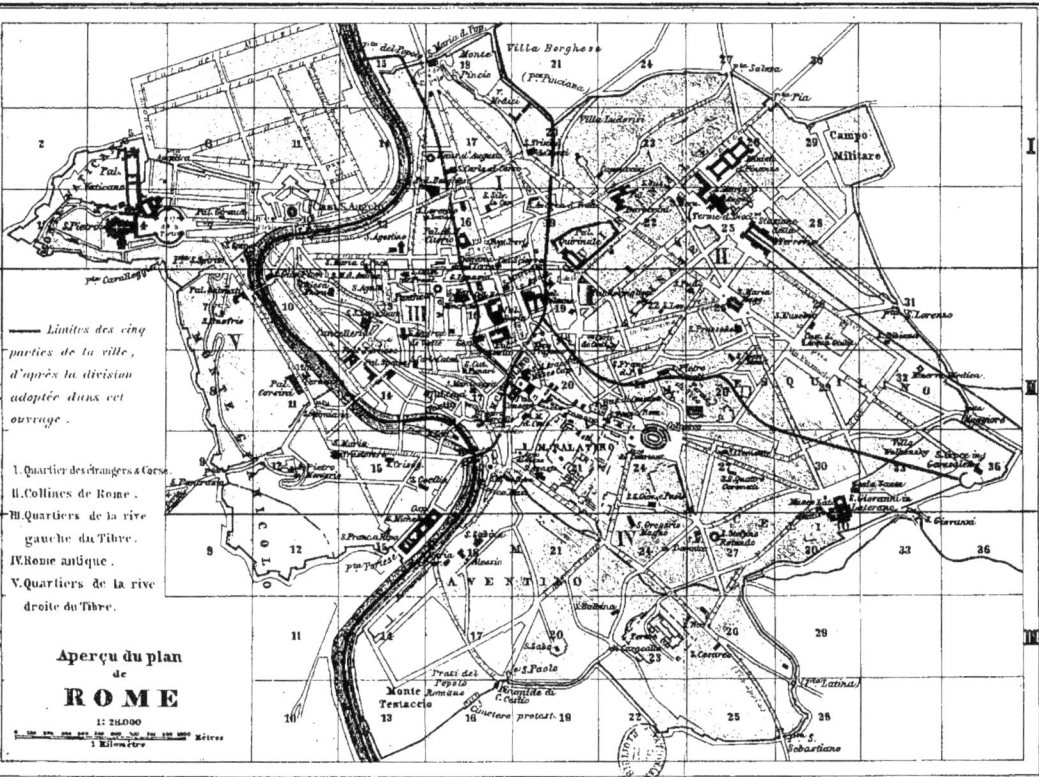

—— Limites des cinq
parties de la ville,
d'après la division
adoptée dans cet
ouvrage.

I. Quartier des étrangers & Corso.
II. Collines de Rome.
III. Quartiers de la rive
gauche du Tibre.
IV. Rome antique.
V. Quartiers de la rive
droite du Tibre.

Aperçu du plan
de
ROME
1 : 28.000
Mètres
1 Kilomètre

Villa Borghese

Campo
Militare

AVENTINO

Monte
Testaccio

Prati del
Popolo
Romano

Piramide di
C.Cestio

Cimetero protest.

S. Sebastiano

ograph. Anstalt von   Wagner & Debes, Leipzig.

www.ingramcontent.com/pod-product-compliance
Lightning Source LLC
Chambersburg PA
CBHW071949090426
42740CB00011B/1870